教科書には載っていない

江戸の大誤解

水戸 計

The misunderstanding of Edo period
Text by Kei Mito

彩図社

はじめに

天下分け目の関ヶ原の戦いで、石田三成率いる西軍を破った徳川家康が1603年に征夷大将軍となって江戸で幕府を開き、それから1867年に徳川慶喜が二条城で大政奉還するまでの約260年を江戸時代と呼ぶ。

みなさんは、この江戸時代にどんなイメージを持たれているだろうか。

時代小説や「水戸黄門」「大岡越前」といった時代劇などでよく知る時代。

生類憐みの令や江戸の三大改革など、学校の教科書で習った時代。

あるいは、江戸幕府の厳しい統制のもと、庶民が不自由な暮らしを強いられた時代……。

江戸時代に対するイメージは様々だろうが、はたしてそれは本当に正しいだろうか？

本書は、多くの方が江戸時代に抱いている〝誤解〟を検証し、解いていくのが目的である。

第一章「時代劇、スターたちの意外な素顔」では、水戸黄門こと、徳川光圀など時代劇でお馴染のスターたちの実像を紹介。黄門様の諸国漫遊はあったのか、遠山の金さんに刺青はあったのか、史実にもとづくスターの素顔に迫った。

第二章は、「あの有名事件、驚きの舞台裏」として、江戸幕府を震撼させた〝キリシタン一揆〟島原の乱や、江戸時代最大のスキャンダルである江島生島事件などの舞台裏を紹介。教科書では習わない事件の裏側にある数々の思惑に迫った。

第三章の「意外と進んでいた江戸時代」では、一般的に抱かれている江戸時代の〝遅れた〟イメージを覆すような事実を紹介。高度な循環型社会など、現代の日本よりも優れた面を取り上げている。

第四章は「江戸時代の武士と庶民の暮らし」。江戸時代、本当に武士はかっこよく、また庶民は虐げられていたのか……。武士の日常生活から、庶民の娯楽まで生活にまつわるトピックを解説。それらを読めば、当時の人々の本音を垣間見ることができるはずだ。

最後の第五章「最高権力者の知られざる一面」では、なぜ、江戸幕府が長い期間、政権を維持できたのか、その大きな要因である徳川将軍家の特殊性を紹介。さらに将軍の素顔を知ることもできるだろう。

本書を読めば、きっとこれまで知らなかった江戸時代の姿を見ることができるはずだ。

それでは知られざる歴史の旅に出かけるとしよう。

『教科書には載っていない　江戸の大誤解』目次

第一章 時代劇、スターたちの意外な素顔 11

第三章 意外と進んでいた江戸時代

第五章 最高権力者の知られざる一面

第一章 時代劇、スターたちの意外な素顔

01 水戸黄門は暴れん坊副将軍だった？

【イメージを裏切る若き日の過激なエピソード】

●暴れん坊副将軍？

時代劇のトップスターといえば、水戸黄門だろう。助さん、格さんなど個性的な面々を引き連れて諸国を漫遊し、訪れた場所では弱い者の味方となり世直しをする。クライマックスには懐から印籠を取り出し、「この紋所が目に入らぬか！」と一喝。日本人なら誰もが知るお馴染みのストーリーだが、実際の水戸黄門がどんな人物だったのか、その実像を詳しく知る人は多くないはずだ。

水戸黄門こと徳川光圀は寛永5（1628）年に江戸・麹町で徳川家康の十一男・徳川頼房《よりふさ》の三男として生まれた。頼房は徳川御三家のひとつである水戸藩の初代藩主であり、光圀は寛文元（1661）年に二代目藩主となっている。水戸藩主は代々「副将軍」と呼ばれていたため、時代劇の名台詞「ここにおわすは畏れ多くも先の副将軍」が生まれた。

JR水戸駅前にある水戸黄門像。助さん格さんを従えている。

そんな光圀、ドラマでは好々爺のイメージがあるが史実ではまったく印象が違う。特に若いころのエピソードは過激だ。

光圀が7歳の時、夜中に父の頼房から「死罪になったものの首を持ってこい」と命じられると、少しもためらうことなく首を持って帰ってきた。刑場は真っ暗であったため、手探りで探したという。さらに、父から「戦場で父が倒れたらどうする？」と質問されると、「父上の上を乗り越えて敵と戦います」と発言。この答えは父を喜ばせたという。

三男であった光圀は、幼少時代に家臣の家で、身分の低い同世代の子供たちとともに自由に育てられた。その生育環境もあってか、光圀の行動は成長するに従い、さらに過激にエスカレート。もはや暴君としか思えないようなエピソードも残している。

ある時、江戸で開かれた相撲大会にでかけた光圀。しかし、その眼前で水戸藩の力士たちが次々と負けてしまう。腹を立てた光圀は怒りにまかせて抜刀、敵方の力士を追い回した。

また、別のある時、町を歩いていると喧嘩をしている馬夫に遭遇する。馬夫が「私は水戸藩の者だ」と言うのを聞いた光圀は、「我も水戸の者だ！」と喧嘩に加勢した。

そして別のある日、遊郭からの帰り道、一緒にいた仲間が通りすがりの庶民を指し、「あいつを斬ることができるか」と聞いてきた。臆病者だと思われたくないと光圀は、何の罪もない歩行者を斬り捨ててしまった。

光圀は服装も過激で、伊達に染めた木綿の小袖にビロードの襟をつけたものを着用。帯を腰に巻きつけており、周囲から「権現様（徳川家康のこと）の孫とは思えないような格好」と陰口を叩かれた。行儀も悪く、弟たちに訳知り顔で下ネタを披露することもあった。

そんな光圀を、当初は豪胆だと評価していた父の頼房も持て余すようになる。刀を持たせると何をするかわからないため、父から帯刀を禁じられたこともあった。

三男であった光圀は長男を差し置いて水戸藩主の後継者となるのだが、その理由のひとつに、水戸藩の巨大化を恐れた幕府が「あの暴れん坊が跡を継げば、水戸藩は混乱して弱体化するのではないか」と考え、無理やり跡取りにしたという説もある。それが事実かどうかはわからな

水戸藩主時代の光圀

いが、それもうなずけるほど若いころの光圀の評判はよくなかったのだ。

●討幕の基本概念は黄門様からはじまった！

そんな暴れん坊・光圀に転機が訪れるのが18歳の時。

中国の歴史書『史記』の「伯夷伝《はくいでん》」を読み、感銘を受けて学問に目覚め、それまでの荒んだ生活を改めるようになる。光圀は学問の資料を集めるために部下を京都へ派遣、諸国から身分の分け隔てなく130名以上の優秀な学者を招いた。これにより水戸藩の学問は急発展を遂げることになる。

33歳の時に藩主となると、光圀は時間の許す限り領内を巡回し、農民の声を聞くように心がけ、水戸藩内の改革にも力を入れた。田畑の税額を決める検地を、藩の役人ではなく、村ごとの責任者に任せた。当初は、役人が管理しないと税がごまかされるのではないか、との懸念もあったが、藩主に信頼されていると感じた領民はごまかすことなく、正確に税を納めた。この改革で領民との絆は強くなったという。

光圀はさらに、貧しい人や病人に補助金を出す救済策を行い、安価な薬や素人でもできる治療法をまとめた書物『救民妙薬《きゅうみんみょうやく》』を刊行、村々に常備させた。同書は他藩でも評価されている。

庶民目線の政策が多かった光圀は、「水戸の名君」として庶民に広く愛されるようになった。

さまざまな功績がある光圀だが、とりわけ有名なのが、日本の歴史をまとめた『大日本史』の編さん事業だ。

明暦3（1657）年からスタートしたこの事業は光圀の死後も継続され、完成したのは明治39（1906）年。完成まで足掛け250年を要すという、日本の歴史上でも類をみない大事業となった。この『大日本史』の編さん事業は後世でも高い評価を受け、明治に他の徳川御三家と同様に侯爵になった水戸徳川家だが、『大日本史』編さんの功績から、昭和になって他家より一段高い〝公爵〟に格上げされている。

しかし、『大日本史』の編さんにはじまる光圀の日本史への興味は、後の徳川幕府崩壊を招くきっかけにもなった。幕末に多くの志士が掲げた「尊王思想」は水戸藩の学問に大きな影響を受けたものだったからだ。「天皇中心の国家」を目指して倒幕に向かった志士たちの思想に、

『大日本史』編纂の地に建てられた記念碑

徳川幕府の「天下の副将軍」の影響があったというのは、なんとも皮肉なことである。

●助さん、格さんは実在した！

『大日本史』の編さん事業に関わった学者の中に、佐々介三郎宗淳《むねきよ》と安積《あさか》覚兵衛澹泊《たんぱく》という人物がいる。佐々はテレビドラマ「水戸黄門」の名脇役、助さん（佐々木助三郎）のモデルであり、安積は格さん（渥美格之進）のモデルである。

佐々は寛永17（１６４０）年生まれ。15歳で出家したが、仏教の教えに疑問を持ち、還俗。その後は、水戸藩に仕え、『大日本史』の編さん事業にたずさわるようになる。テレビドラマのように光圀と一緒ではなかったが、九州、中国地方、北陸で調査も行っている。

一方の安積は、明暦２（１６５６）年生まれ。

水戸藩出身で、10歳の時から明の儒学者・朱舜水《しゅしゅんすい》のもとで学ぶ。その非凡な才能を光圀に見いだされ、『大日本史』の編さん事業に加えられる。光圀の死後も編さん事業の中心となって活躍した。2人とも優秀な学者ではあったが、テレビドラマのように剣術や柔術の達人であったという事実はない。

ちなみに、テレビドラマ「水戸黄門」に登場する「風車の弥七」のモデルは関東で暴れまわった大盗賊・小八兵衛という者。水戸領内で捕らえられるも、光圀に許されたことを恩に感じ、その後は、水戸領内へ盗賊が侵入するのを防ぎ、かげながら光圀を守ると約束した人物だ。

テレビドラマでは諸国を漫遊している光圀だが、記録に残っているのは、水戸と江戸の往復と日光と鎌倉への参拝だけ。諸国を訪ね歩いたという事実はない。佐々介三郎宗淳をはじめとする学者を『大日本史』の編さんの調査のために各地へ派遣したこと、さらに水戸領内を熱心に回って領民の声に耳を傾けたことが、「黄門様が諸国をめぐり、悪を成敗した」とのストーリーのモチーフになったのだろう。

02 人間関係に苦労した大岡越前

【江戸時代にもあった職場のパワーハラスメント】

●もともとは窓際族

俳優・加藤剛主演で昭和45（1970）年からテレビ放送された人気時代劇「大岡越前」。劇中では、数々の〝お裁き〟が披露されている。

大岡越前守忠相《ただすけ》は延宝5（1677）年に将軍直属の家臣である旗本・大岡忠高の四男として江戸に生まれる。後に同族の旗本・大岡忠真の養子となり24歳で家督を相続。36歳で伊勢の山田奉行となった。

その後、江戸にもどり、40歳で江戸城のお堀や石垣の土木工事を担当する普請《ふしん》奉行、41歳で江戸南町奉行、60歳で寺社奉行となるのだが、忠相の40歳からの出世は、江戸幕府の歴史の中でも異例中の異例であった。

山田奉行という役職は遠国奉行のひとつで、幕府の伊勢神宮監視や護衛のために置かれた役職である。他の遠国奉行が広域行政権を持っていたのとは異なり、行政権も伊勢の幕領内という狭い中に限定されていたため、決して華々しい役職ではなく、幕府の中では〝窓際族〟と認識されているポジションであった。

しかし、ある事件がきっかけで忠相のサクセスストーリーがはじまる。

忠相が山田奉行に就任中、領内の農民と隣接する紀州藩の農民との間でもめごとが起こった。忠相は「非は紀州の農民にある」と裁き、紀州藩内の農民3人を打ち首にした。

これは非常に勇気のいる決断であった。なぜならば、紀州藩は徳川御三家のひとつ。山田奉行は、紀州藩に遠慮しながら行政を進めるのが、当然であった。

そんな忠相の裁きを評価したのが、当時の紀州藩主で、後に八代将軍となる徳川吉宗である。吉宗は忠相の決断を高く評価し、将軍になる時に忠相を江戸の町奉行に抜擢したといわれている。南町奉行となった忠相は、吉宗の期待に応え、20年間その職務をまっとうすることになる。

●お裁きの真実

大岡忠相といえば、「大岡裁き」がすぐに連想されるだろう。公明正大なその裁きは後世でも讃えられ、現在でも名裁きがあると「今大岡」などと表現されることがある。

しかし、大岡忠相のものとされるお裁きの多くは、事実ではない。大部分が他の書物にあったもののパクリだ。

たとえば、大岡裁きの中でもっとも有名なものに「三方一両損」というものがある。

路上で三両を拾った畳屋の男が、落とし主の建具屋の男にお金を届けにいくと、落とし主の建具屋は、「一度、落とした金はオレのものじゃない！」と受け取らない。一方、畳屋の男も、「拾った金をもらったら、江戸っ子の名折れだ！」とこちらも受け取らない。やがて2人はケンカとなり、町奉行所へ訴え出た。お白洲に現れた忠相は、自分の財布から一両取り出すと、問題の三両に合わせて四両とし、それを畳屋と建具屋に二両ずつ与えた。2人が不思議そうな顔をしていると、忠相は「本来、お前たちは三両貰えたが、一両損をした。私も一両出したことで損をした。三人が損をしたので、三方一両損だ」と説明。頑固な2人もこの裁きには大笑いをして納得したという。

市川八百蔵演じる「大岡越前」

しかし、このエピソードは、江戸時代初期に活躍した板倉勝重の善政をまとめた『板倉政要《いたくらせいよう》』と井原西鶴の『本朝《ほんちょう》桜陰《おういん》比事《ひじ》』をもとに創作されたものだ。

他にも、子供を取り合った実母と継母に、忠相が「それならば、ここで子供を斬って2人でわけろ」と言うと、実母が「ならば、継母へあげてください」と涙を流したことで「子供は実母へ」と決めたお裁きも有名だが、これも中国の古典にそっくり同じ話がある。

このように、忠相の名裁きと伝えられているものの大部分は他からのパクリや創作である。しかし、だからといって忠相が決して名奉行でなかったわけではない。

忠相が町奉行を務めていたころには、こんな事件があった。

享保10（1725）年に放火の冤罪で捕まり、火あぶりの刑になることが決定していた男がいた。しかし、後に男が事件当日、別の場所にいたことが判明。再び調べを行うと、男は取り調べを担当した目明しが怖くて偽証したと語った。忠相は、男を無罪放免にすると、偽証させた目明しを死罪にし、その後、町奉行所に「もし無実である者がいるならば、再吟味するので名乗り出るように」との高札を掲げた。

この一件で江戸での忠相の人気は高まり、やがて〝名奉行〟と呼ばれるようになっていく。

忠相は、罪を犯すと親族にも罰が及ぶ縁座制の庶民への適用を廃止し、武士だけのものとした。さらに町火消「いろは四十八組」の設置にも尽力している。

このように、「庶民の味方」のイメージが先行する忠相だが、経済政策では別の一面を見せたこともある。当時、金銀相場が混乱し、金に対する銀の高騰が幕府を苦しめていた。そこで

忠相が設置に関わった町火消「いろは四十八組」

忠相は「出頭しない者は牢に入れる」と両替商人を奉行所に呼び出し、「銀の高騰を阻止せよ、しなければ重い罪にする」と脅した。強制的に相場を変えようとしたのだ。

吉宗の進める享保の改革を実行する、忠実な官僚としての一面が垣間見えるエピソードである。忠相は決して「庶民の味方」という観点からだけで、行政・司法を進めたわけではなかったのだ。

●善政の陰にイジメ

忠相は60歳になると南町奉行から、さらに格上の寺社奉行へ出世した。忠相のような旗本にとって出世街道の最終地点は町奉行だったが、これまでの功績が評価され、吉宗に抜擢されたのである。

しかし、この異例の出世は、多くの嫉妬や妬み、反発を招くことになった。

寺社奉行は20名程度いる奏者番《そうじゃばん》（武家の礼式を管理する役職）の中から選ばれるのが通例で、控え室も奏者番と同じ場所であった。忠相は寺社奉行にはなったものの、異例の抜擢であったため、奏者番には任命されていなかった。

ある時、休憩のために忠相が控え室に行くと、思わぬ声をかけられる。「奏者番でない者は入ってはならない」と入室を拒まれてしまったのだ。そのため、忠相はその日、休憩場所がなかった。奏者番は通常、30代の大名が任命されるものなので、忠相は30歳近くも年下の者から嫌がらせを受けたことになる。

吉宗はこの話を聞くと、忠相のためだけに別の控え室を用意した。肩身の狭い思いをしないようにと将軍自らが配慮したのだ。

忠相も、周囲が自分をどう見ているのか、よく理解していたようで、周囲に気を遣っていた記録が残っている。

同じ役職の若い大名の家を訪れる時は、決して本人とは会わず、その家の使用人に用件を伝えて帰った。「同役ではあるが、あなたの方が格上なので」という姿勢を見せて、相手にこれ以上、不快な思いをさせないように配慮したのだ。

吉宗の片腕として活躍し、後の世ではテレビドラマのヒーローとして扱われた忠相も、人間関係には相当悩まされたようである。

03 遠山の金さんの桜吹雪はウソだった？

【北町奉行時代には自ら「刺青禁止令」を発令】

●遠山の金さんが「刺青禁止令」

ファッションとしての刺青がはじまったのは江戸時代からである。そもそもは、遊女が恋した男の名前を密かに体に彫ったことがはじまりで、元禄の世には侠客たちが、「命を捨てる覚悟はできている」との思いから彫るようになった。その後も鳶職、博奕打ちなどにもファッションとして流行する。

幕末には「紋ちらしのお玉」という刺青芸者も登場。恋仲になった男の紋所を次々に彫り、体中に100以上ちりばめた。最後には、付き合いを申し込む男に、刺青を彫る場所代を請求するようにもなったという。

こうした風潮を幕府は快く思っていなかった。「風紀を乱す」との理由から、何度か「刺青禁止令」を出している。とくに武士に対しては厳しく、小見川藩（現在の千葉県香取市）の藩主・内田正容は、刺青を彫ったのが「不謹慎」との理由で隠居させられている。その「刺青禁止令」だが、天保13（1842）年には、北町奉行・遠山金四郎景元《かげもと》が発令している。後世のテレビドラマでは、自身の「桜吹雪」を惜しげもなく披露する遠山の金さん自らの命令だ。

そんな遠山の金さんは、本当に刺青をしていたのだろうか。

少年時代に悪所へ出入りをしていた彼には刺青があったとの資料もあるにはあるが、いずれも伝聞の範囲を出ないものである。金さんが刺青を入れていたという決定的な証拠は残っていない。

●遠山の金さんの実像

遠山金四郎景元は、寛政5（1793）年に500石の旗本・遠山景晋《かげくに》の子として生まれた。少年時代は悪所へ出入りし、一時は森田座という芝居小屋で笛を吹いていたという話も残っている。

32歳で家督を継ぐと小納戸役、小普請奉行、作事奉行、勘定奉行を歴任。天保11（1840）年に北町奉行となった。その後、大名を管理する大目付となり、今度は南町奉行へ。7年間職務をまっとうし、ペリーが浦賀に来航する1年前の嘉永5（1852）年に引退。安政2

松竹の京都撮影所にあるお白州のセット

（１８５５）年に62歳の生涯を閉じた。

テレビ時代劇「遠山の金さん」は、北町奉行であった頃のことを描いたものである。

しかし、金四郎には庶民の刑事事件を見事に解決したという事実は残っていない。そんな金四郎になぜ、庶民の悪を倒すというストーリーが生まれたのか。そのもっとも大きな理由は、当時、南町奉行であった鳥居耀蔵《とりいようぞう》と金四郎が対立していたからだろう。

鳥居耀蔵は、庶民の贅沢を禁じた老中・水野忠邦の天保の改革を補佐する立場にあったため、庶民から嫌われていた。敵の敵は味方ではないが、その鳥居とそりが合わなかった金四郎に人気が集まった、というのが真実に近いようだ。ちなみに、金四郎が北町奉行を退いたのも、鳥居との確執が原因であったとされている。「遠山の金さん」のイメージは、金四郎の実像よりも政敵がポイントであったようだ。

そもそも金四郎は、庶民の支持を得なかった天保の改革に真っ向から反対していたわけではない。幕臣として庶民に対して「質素倹約な生活」を命じた記録もある。

ただ、そんな金四郎が能動的に庶民の味方になったエピソードがひとつだけ残っている。

芝居小屋が火災にあった時、「芝居は風紀を乱すもの」と考えた水野は鳥居とともに取り潰そうとした。しかし、金四郎が「庶民のささやかな楽しみまで奪うのはどうだろうか」と反対。芝居小屋を江戸の僻地であった浅草に移転させることで話をまとめた。窮地を救われた芝居関係者は大喜び。その恩に報いるため、金四郎を庶民の味方の名奉行に仕立て上げた演目を盛んに披露するようになったとの説がある。

●町奉行の仕事って？

南町奉行が大岡忠相、北町奉行が遠山金四郎。多くの方は町奉行といえば、この２人をイメージすると思われるが、実際に町奉行の仕事とは、どんなものだったのだろうか。

まず、ドラマの大岡忠相、遠山金四郎のような裁判官としての仕事は、町奉行の職務のひとつで、すべてではない。

町奉行は今でいうならば、東京都知事に近い役職。より正確に言えばその権限は都知事以

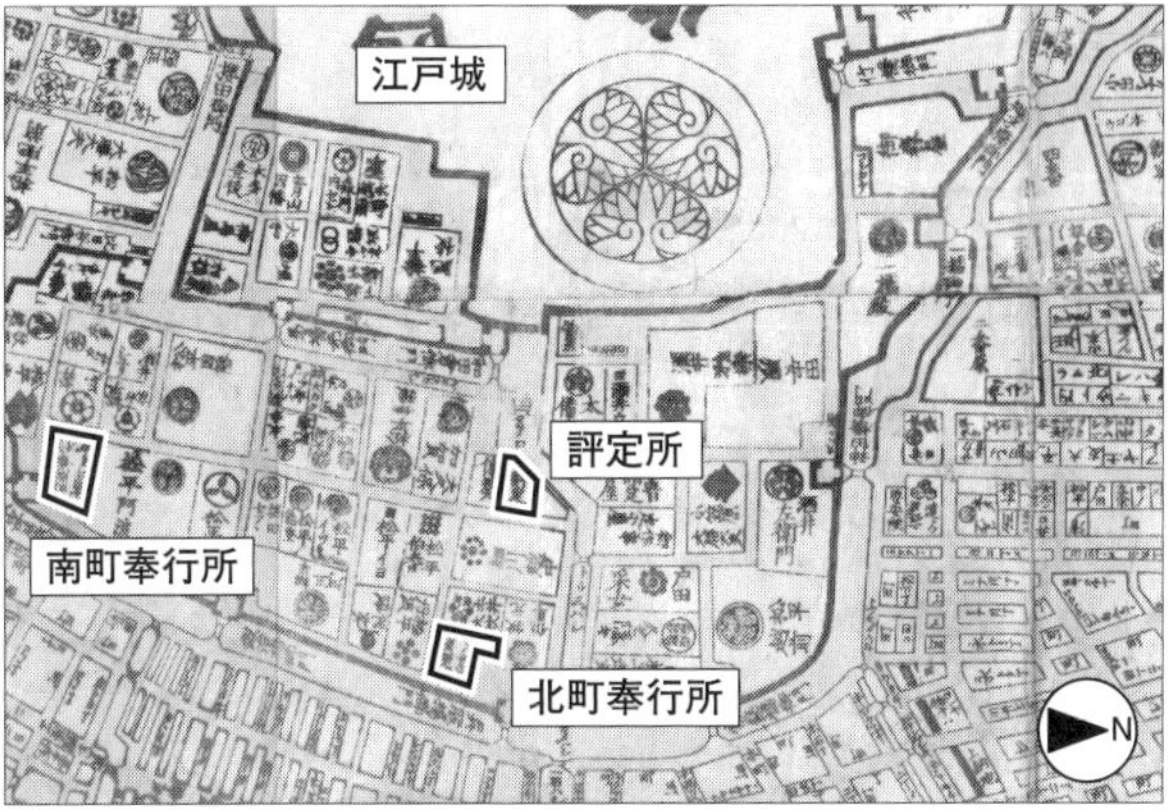

北町奉行所と南町奉行所は近い距離にあった（『文間江戸大絵図』）

上のものがあり、警視総監や地方裁判所の裁判官、消防総監、公正取引委員会の委員長を合わせた職務をこなしていた。そのため、幕府の中でも一、二を争う多忙な役職であり、時代劇のように町奉行が自ら捜査にあたるなど不可能であった。

また、江戸町奉行には、「北町」「南町」の２つがあるため、それぞれが江戸の南部と北部を管轄していたというイメージを持っている方もいるかもしれないが、それは間違いである。

南北の奉行の管轄地は特に分かれておらず、1ヶ月交代で両奉行が職務を行う形式であった。そもそも、北町奉行所は現在の東京駅八重洲口近辺、南町奉行所は現在の千代田区有楽町の交通会館近辺にあった。これらは、歩いて10分程度の距離でしかないのだ。

時代劇でお馴染みのお白洲での裁きにも間違い

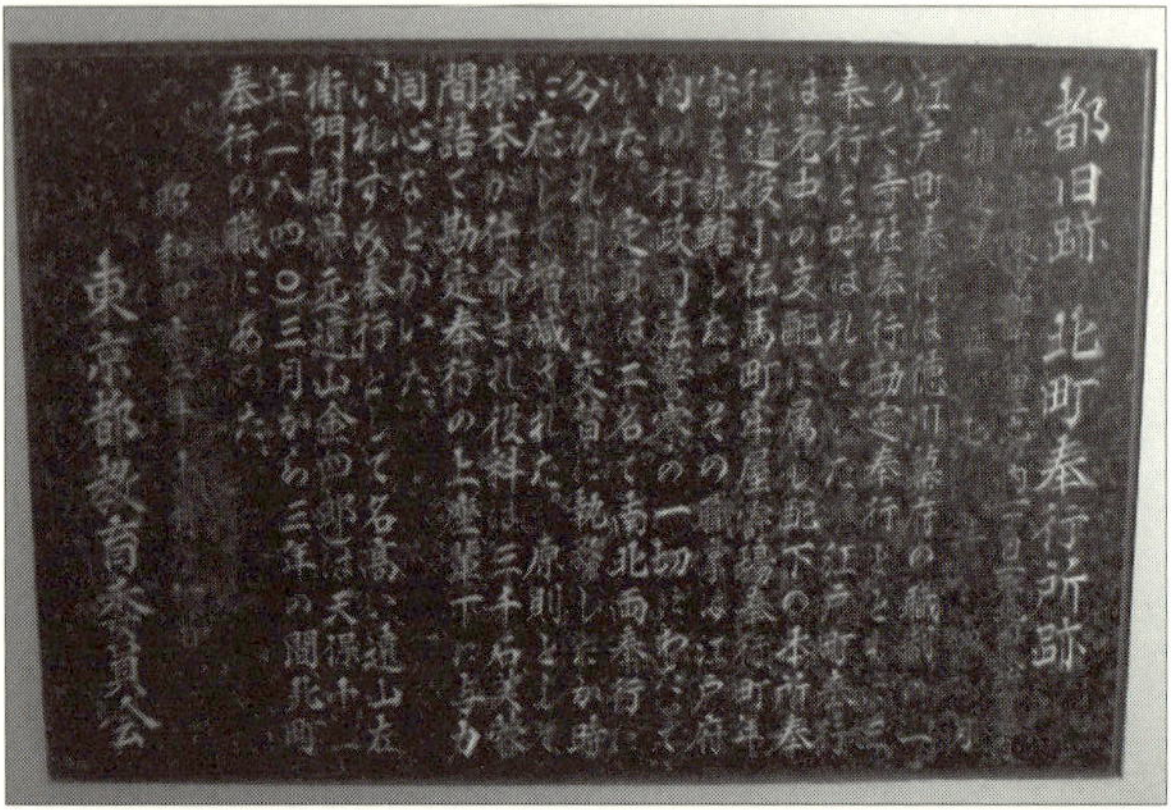

JR 東京駅八重洲北口にひっそりと残された「北町奉行所跡」の碑

がある。お白洲での町奉行の仕事は判決を読み上げるだけである。容疑者からの反論は可能だが、これは側にいる担当者に内容を告げる仕組み。容疑者が町奉行に直接訴えたり、町奉行が容疑者を直接問いただすなどということは絶対にありえなかった。その上、お白洲では、町奉行は席を立つこともお茶を飲むことも不可。もちろん、片腕を出して「この桜吹雪が……」なんてことは論外である。

テレビ時代劇では与力、同心と呼ばれる役職も多く耳にする。

与力とは、町奉行所での現場の指揮官であり、同心はその下で働く役人。八丁堀（現在の東京都中央区八丁堀周辺）に官舎があったため、「八丁堀の旦那」と言えば、彼らのことを指す。与力、同心には時代劇で見るような捜査担当者以外にも、奉行所の秘書のような仕事や、牢屋敷担当、火災、洪水担当、道路工事担当もいた。

ちなみに、捜査担当の与力は他の同程度の役人よりも、非常に優遇されていたようである。

まず、朝は床屋が自宅まで出張し髪を結ってくれる。これは床屋からウワサ話を聞き、捜査に役立てるためだ。さらに、銭湯の女風呂に入る権利もあった。女風呂から男風呂の会話を傍受し、情報収集するためである。また、役目上、さまざまなところから、付け届けがあり、台所事情はよかった。

また、捜査を担当する与力は南北奉行所に各25騎（与力は騎馬が許可された）、同心は各100名程度しかいなかったので、100万人近くが暮らす江戸の街の事件すべてを捜査することは現実的に不可能であった。そこで同心は個人的に「岡っ引き」や「目明し」と呼ばれる町人の協力者を雇い、捜査へあたらせた。大岡忠相や遠山金四郎と同じく時代劇のスターである銭形平次は、その代表例である。

ただ、「岡っ引き」や「目明し」は、もともと彼ら自身が犯罪者であることが多く、ゆすりを働くなど問題を起こすことがよくあった。そのため、幕府は何度か「目明し禁止令」を発令している。

04 上司に嫌われていた長谷川平蔵

【仕事はできるも上役の評判は悪かった】

●悪所で人間関係を築く

池波正太郎の人気時代小説『鬼平犯科帳』の主人公、長谷川平蔵宣以《のぶため》は、延享2（1745）年に京都町奉行、長谷川宣雄の子として生まれた。長谷川家は、平安時代に「平将門の乱」の平定に活躍した俵藤太の流れをくむ名家といわれ、戦国時代は今川家に従い、今川家の衰退後は徳川家に仕えた一族である。

そんな由緒正しき家柄の平蔵であったが、若い頃は本所に住んでいたことから、「本所の銕《てつ》」（平蔵の幼名は銕三郎）と呼ばれ、悪友と集って悪所通いに精を出した。金遣いも荒く、家の財産を使い果たしたという伝説まである。

とんでもない放蕩息子であるが、この時に築いた人間関係が、のちに火付盗賊改《ひつけとうぞくあらため》に就任した時に役立ったとも言われている。人間、何が役に立つかわからないものだ。

平蔵は天明7（1787）年に火付盗賊改に就任する。小説『鬼平犯科帳』で描かれたのはこの時代である。

大岡越前や遠山金四郎と同じく、小説『鬼平犯科帳』もほとんどが創作である。ただ、平蔵が江戸時代の中で最長期間、火付盗賊改に就任し、当時としては画期的な〝更生施設〟を設置するなどの功績があることから、一廉の人物であったことは間違いないようだ。

●荒っぽい捜査で恐れられた火付盗賊改

さて、長谷川平蔵の役職・火付盗賊改とはどんな役職であったのか。

池波正太郎の人気小説『鬼平犯科帳』

火付盗賊改は、江戸の人口増加にともない増えた凶悪犯罪を取り締まる特別警察である。もともとは世情が不安定になった時にのみ設置された特別職であったが、江戸時代中期頃から常設されるようになった。

江戸時代には警察組織が複数存在しており、目付や大目付が武士、勘定奉行が農民、町奉行が町民、寺社奉行が僧侶や神主といったかたちで、受け持ちがそれぞれ決まっていた。

一方、火付盗賊改は捜査・逮捕の権限が大きく、現行犯であれば寺社境内や武家屋敷にも捕縛に入ることが可能で、捜査の対象も武士、僧侶、町人、無宿人など身分は関係なかった。操作範囲も広く、江戸市中にとどまらず関八州（家康が関東に入ったときに最初に得た領地。武蔵、相模、上総、下総、安房、上野、下野、常陸のこと）が担当領域であった。

職務上、江戸町奉行と近い役職のようにも思われることが多いが、江戸町奉行の役高が3000石だったのに対し、火付盗賊改は1500石。町奉行から見ると格下の役職である。

また、火付盗賊改には、町奉行のように決まった役所があるわけではなく、自宅をそのまま役所として使う。そのため、自費でお白洲や吟味所を設置する必要があった。犯罪捜査にも費用がかかるため、裕福な旗本が担当することが多かった。平蔵も、父が京都奉行に就任していた時に貯めた私財を捜査資金として使っていた。

ちなみに、火付盗賊改は捜査・逮捕に重点が置かれた役職であったため、町奉行以上に荒っぽいことをすることが多く、悪党はその存在を非常に恐れていたという。

天和3（1683）年に火付盗賊改に就任した中山勘解由《かげゆ》という人物は、少しでもおかしな格好をしている者が歩いていると特に捜査もせずに処刑したという。この人物は、江戸時代にもっとも過激な拷問とされていた「海老責め」の考案者でもある。小説『鬼平犯科帳』にも取

中山勘解由が考案したとされる「海老責め」(『徳川幕府刑事図譜本編』)。火付盗賊改の取り調べは非常に苛烈で、江戸の悪人たちに恐れられた。

り調べで拷問のシーンが登場するが、史実でも激しい拷問が行われていたようだ。

●仕事はできるも評判が悪かった鬼平

火付盗賊改としての長谷川平蔵の評判はどうだったのか。平蔵の功績を確認したい。

まず、彼は異常に検挙率が高かった。若い時の悪所通いで培った人脈を活かしたことと、幕府が禁止する意向を持っていた岡っ引きや目明しを公然と使ったことが、高い検挙率につながったようだ。凶悪な強盗であった「稲葉小僧」と呼ばれる一味を捕まえた実績もある。

また、平蔵は隅田川の河口にある石川島に「人足寄場」と呼ばれる自立支援施設を作った。人足寄場は軽犯罪者や無宿人、不良少年などを収容する施設で、所内では出所後の生活のため

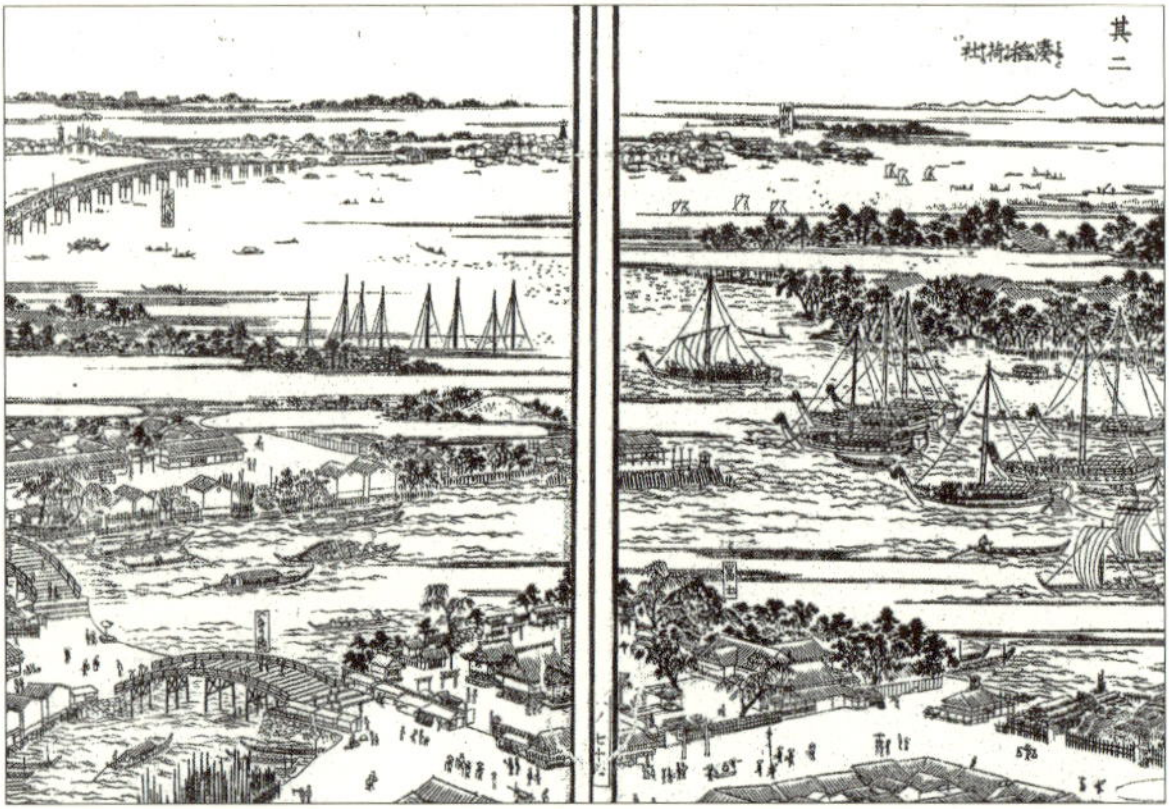

当時の隅田川周辺。右の帆船の奥に描かれているのが人足寄場（『江戸名所図会』）

に職業訓練が施された。入所期間は3年で、施設を離れる際には仕事道具と、所内の作業で得た手当の一部を積み立てたお金が支給された。平蔵のお裁きは公平で、江戸の人々からは「今大岡」とも称された。庶民の評判は非常に良かったといえるだろう。

しかし、評判が良かったのは庶民からだけで、幕府中枢での評判はすこぶる悪い。

平蔵は、寺社などを参拝する時は部下に小銭を持たせるのが常だった。道中、無宿人などがいれば、その小銭を配らせたのだ。火付盗賊改は直接、庶民とかかわることが多い役職であるため、職務上、庶民の心をつかんでいた方がいい。そう考えた平蔵の演出だったようだが、上司や同僚の目からは、「あからさまな人気取り」と見られた。

平蔵のライバルと言われ、自身も火付盗賊改となった旗本の森山孝盛は、著書の中で平蔵を「小ざかしき気質にて、様々な計をめぐらかしけり」と名指しで痛烈に批判している。

ときの最大権力者であった老中・松平定信も平蔵を嫌った1人であった。「人足寄場」の設置は、定信が平蔵の意見を採用したことで施行されたものであったが、定信は大岡忠相を信頼した吉宗のように平蔵に接していたわけではなかった。平蔵の人気取りとも思える演出がシャクに障り、平蔵が人足寄場の運営費などをまかなうために銭相場に手を出していたことなども気に入らなかったようで、平蔵のことを「山師」と罵っている。

結局、平蔵は自身の最大の功績である人足寄場が軌道に乗ると、火付盗賊改の役職を解かれてしまう。その後、旗本の就ける最高役職の江戸町奉行就任を夢見ていたが、結局は叶わず、失意のまま51歳で亡くなっている。

05 忠臣蔵に秘められた哀しい物語

【討ち入り不参加の浪士と吉良家の悲劇】

●浅野内匠頭と吉良上野介の実像

日本人なら誰もが知る「忠臣蔵」。死を賭して、亡き主君の無念を晴らした赤穂浪士の生き様は今も昔も日本人の心を強く打ってきた。

忠臣蔵は、大名の浅野内匠頭《たくみのかみ》（浅野長矩《ながのり》）が江戸城松の廊下で、旗本の吉良上野介《こうずけのすけ》（吉良義央《よしひさ》）を斬りつけるところから始まる。江戸城内での刃傷沙汰は、大のご法度であることは当時の常識。にもかかわらず、なぜ浅野内匠頭が刀を抜いたのか、詳しい理由は現在でもわかっていない。

そのため時代劇などでは、浅野内匠頭が凶行に及んだ理由を吉良上野介のイジメにあったとするケースが多い。

大名が旗本にイジメられるというと変な感じもするが、吉良家は旗本の中でも高家《こうけ》と呼ばれ

赤穂浪士の討ち入りは浮世絵の題材にもなった

る特別な家柄で、幕府の儀礼・式典を指導する立場にあった。一方の浅野内匠頭は刃傷事件の当時、ご饗応役といって朝廷の勅使を接待する役目を仰せつかっていた。吉良上野介が指導にかこつけて、浅野内匠頭をイジメることはできたのである。

では、はたして本当にイジメはあったのだろうか。先程述べたように、浅野内匠頭の乱心の原因はわかっていないので、同時代の両人に対する評価を見てみることにしよう。

まず、加害者の浅野内匠頭の評判だが、あまり良くない。

時代劇などでは、浅野内匠頭は妻一筋の一途なところがあるなどと描かれることがある。しかし、実際はかなりの女好きだったらしく、全国諸藩の大名の評判などを書いた『土《ど》芥寇讎記《かいしゅうこうき》』では、「女色を好むこと切なり」と評し、さらに「此将文道なく、知恵なく」とも記されている。

浅野内匠頭は短気でヒステリックだったという記録も多く残っている。旗本の伊勢貞丈《いせさだたけ》は、浅野内匠頭の弟である浅野大学長広から直接、「性はなはだ急なる人にてありしとぞ」との話を聞いている。浅野内匠頭が大名になったのは9歳の時であり、幼い頃から何不自由なく育ったため、我慢することが非常に苦手だったようだ。

浅野内匠頭の母方の叔父にあたる内藤忠勝も、四代将軍・家綱の葬儀が増上寺で行われた時に、永井信濃守《しなののかみ》を斬り殺して翌日に切腹させられている。彼の短気は血筋による影響もあったのだろうか……。

一方、斬りつけられた吉良上野介の評判は、現在のイメージとはずいぶん違う。実は名君だった、という評価が多く残っているのだ。

吉良上野介は自身の領地の領民が洪水に苦しんでいることを知ると、実費を投じて堤《つつみ》を築き、用水を開削。海岸を干拓して新田の開発を行った。ケチな守銭奴の印象があるが、年貢を取り過ぎたとして、領民に返したというエピソードもある。

吉良上野介を絶賛するのは、地元の領民だけではない。その生涯で、吉良は何度も幕府の大役を担当。江戸幕府の公式記録である『徳川実紀』には、他の大名に対し「上野介の勤めぶりを見習うべし」との下命があったことが記されている。晩年に起きた赤穂浪士事件の影響があまりに大きかったため、彼の評価は１８０度変わってしまったようだ。

●異例の厚遇を受けた赤穂浪士

松の廊下の刃傷事件が起こったのは、元禄14年3月（１７０１年4月）。事件は将軍・綱吉の怒りに触れ、浅野内匠頭は即日切腹。同時に浅野家は改易処分を受け、お家断絶になった。

赤穂浪士による吉良邸への討ち入りが行われたのは、それから1年9ヶ月も経ってからのこと。その間、赤穂浪士たちは何をしていたのか。

旧赤穂藩の家臣らは、なんとか御家再興ができないものかと必死に活動していた。その中心になったのが、後に討ち入りを指揮する旧赤穂藩の筆頭家老、大石内蔵助《くらのすけ》良雄である。大石は動揺する旧家臣らをまとめ、浅野家再興の道を探ると同時に、浅野内匠頭だけが処分を受けたのはおかしいとして吉良上野介への適正な処分を求めた。しかし、活動の甲斐なく御家再興の道が途絶えたことを知ると、吉良上野介の命をとって主君の無念を晴らそうとする。

元禄15年12月14日（１７０２年1月30日）の深夜。ついに赤穂浪士の討ち入りが行われた。大石内蔵助率いる四十七士は、家人や警護の者もろとも吉良上野介を殺害。その首級を亡き主君の墓前に供え、宿願を遂げたのであった。

江戸の人々は、この討ち入りの話を聞いて大興奮した。その熱狂具合は尋常ではなく、浪士らが切腹した12日後には、早くも赤穂浪士事件を題材にした歌舞伎が上演されたほどだった。赤穂浪士は一躍、江戸の大スターになったのだ。

そんな赤穂浪士たちの討ち入り後の生活はどうだったのか。赤穂浪士たちは討ち入り後に、細川家（熊本藩）、松平家（松山藩）、毛利家（長府藩）、水野家（岡崎藩）が分担して、お預かりとなる。ここで彼らは異例のVIP待遇を受けている。

もっとも厚遇で迎えたのが、大石内蔵助以下17名を担当した細川家。大石らが到着したのは深夜であったが、当主の細川綱利が待ち構えており、すぐに対面。直々に労をねぎらうと、風呂を沸かして入浴させた。綱利は浪士らが寒い思いをしないよう、炭をおこして室内を温かくしていた。それは間違いなく、罪人の待遇ではなかった。

細川家では、出された料理も豪華であった。しかし、浪士たちはそれまでの潜伏生活で粗食になれていたため、突然の豪華な食事に胃がもたれてしまった。そこで接待役に「もっと軽い料理にしてほしい」と要望を出したのだが、料理人たちは納得しない。庶民のヒーローである赤穂浪士の食事を作ることに誇りを持っていた料理人たちは、赤穂浪士らの要望を伝えにきた接待役に「我々は何もするなということか！」と大激怒。結局、最後まで食事の内容が変わることはなかった。

一方、浪士たちの処遇に困っていたのが松平家である。「病人に薬を与えていいのか」「行水

切腹が決まるまではひと悶着あった（『大石内蔵助良雄切腹之図』）

をさせていいのか」、さらに「楊枝を与えることは問題ないか」と、いちいち幕府に質問状を送っていた。が、世間で赤穂浪士の人気が高まると、細川家に比べて扱いが悪いとして次第に庶民から非難されるようになる。結局、松平家でも細川家同様に好待遇でもてなすようになった。

そんな中、幕府の首脳陣は赤穂浪士の処分に頭を悩ませていた。

松の廊下の刃傷事件では、浅野内匠頭だけを処分した将軍・綱吉だったが、赤穂浪士の討ち入りを聞いて「あっぱれ忠義のもの」と大喜び。側近の儒学者・林大学頭《はやしだいがくのかみ》も「衆人に忠義の大切さを教えた」と絶賛する。

世間や綱吉が浪士への同情論に傾きつつあるなかで、「それではいけない」と主張したのが側用人を務めていた綱吉の側近である柳沢吉保の一派だった。吉保らは「主君の仇を討つことは義として認めるが、それは私事。それで幕府の大法を犯してはいけない」と冷静な意見を進言。綱吉は結局、吉保らの意見を採用し、浪士たちは切腹することになった。

●討ち入り不参加者の悲劇

松の廊下の刃傷事件当時、赤穂藩から何かしらの知行を得ている藩士は429名であったが、その中で、1年9ヶ月後に吉良邸に討ち入りしたのは47名。実に9割近い藩士が討ち入りに参加していない。むしろ、参加した者は少数派だった。

武士の主従関係は「御恩」と「奉公」で成り立っている。赤穂藩士はこの契約を主君・浅野内匠頭の失態で一方的に解除された。この時点で「奉公」の義務はなくなっているので、仇討ちに参加しなかったとしても「不忠者」と言われる筋合いはない。実際、大多数の藩士は他家での再就職を希望した。

ただ理屈はそうであっても、討ち入り不参加者には世間から厳しい目が向けられることもあった。なかにはその視線に耐え切れず、悲劇的な最期を遂げた人物もいる。

早い段階で討ち入り計画から離れていた岡林杢之助《もくのすけ》は、討ち入りに参加しなかったことを家族から非難され、討ち入りの半月後に弟の介錯で切腹している。

討ち入り直前に、同志から金と小袖を盗んで姿を消した小山田庄左衛門の父・一閃は、その事実を知ると、「四十七士に申し訳ない」として自害。その方法は、刀で自分の胸を刺し通し、背後の壁に縫いつけるという壮絶なものであったという。一閃は、81歳であった。

不幸な末路をたどったのは、赤穂浪士たちだけではない。吉良家の最期も哀しいものだった。松の廊下の一件の後、吉良上野介は隠居。吉良家の家督は当時18歳の孫の義周《よしまさ》が継いだ。武芸が苦手だったという義周だったが、赤穂浪士の討ち入りの際は武器をとって応戦。顔と背中を斬られたものの、なんとか一命を取り留めた。しかし、赤穂浪士が切腹をすると討ち入りの際の不手際を理由に、吉良家はお家断絶の処分を受ける。義周は家格や領地、屋敷を没収され、信州諏訪藩お預かりとなった。江戸を離れ、わずか数名の供とともに諏訪藩に向かった義周は、もともと病弱だったこともあって、やがて寝たきり状態に。そして無念を抱えたまま、宝永3（1706）年、21歳で生涯を終えた。

一方の浅野家には、宝永6（1709）年に綱吉が亡くなると大赦が下る。翌年には、浅野内匠頭の弟、長広が六代将軍・家宣に謁見。領地500石を貰い受け、旗本として御家再興を果たす。浅野家は明治、大正も生き抜き、子供がいなかった最後の当主が昭和の終わりに亡くなるまで存続した。

06 怪盗鼠小僧には実在のモデルがいた？

【私腹を肥やす武家を懲らしめた義賊】

●実在した鼠小僧

天保3（1832）年5月。江戸・浜町にある松平宮内少輔《くないしょうゆう》の屋敷で泥棒が捕まった。この泥棒、歳は37歳。役人が必死に捜索していた大泥棒である。町奉行・榊原主計頭《かずえのかみ》が取り調べを行い、拷問は、三日三晩、寝ずに続けられた。口の中にネズミを入れられる拷問もあった。口から逃げ出そうとするネズミに頬を噛み切られたという。

その結果、これまで、98カ所で1万2000両、現在の金額で約6億円を盗んだことを自白した。これはあくまで本人が覚えていたもので、実際はそれ以上であったようだ。結果、その泥棒は市中引き廻しのうえ、品川の鈴ヶ森で斬首となった。

この泥棒の名は次郎吉。テレビ時代劇でお馴染みの鼠小僧のモデルになった人物である。実在した水戸黄門や大岡越前などとは違い、存在そのものがフィクションと思っている方もいる

明治期に出版された『鼠小僧白波草紙』の挿絵。〝義賊〟鼠小僧次郎吉は、明治時代になっても庶民のヒーローであり続けた。

かもしれないが、鼠小僧にはモデルがいたのだ。

次郎吉は江戸・新和泉町生まれ。中村座で木戸番をしていた定七の子である。松平讃岐守に雇われている建具職人のもとで修業を積み、のちに独立、鳶職・町火消として生活をはじめるが、博奕に夢中になり、身を持ち崩す。そして27歳の時に泥棒稼業を本格的に開始した。

次郎吉には妻がおり、普段は貧乏長屋に住んでいた。そんな彼は夜になると、小柄で身軽な体格を生かし、屋敷の塀を乗り越えて盗みを働いた。

現在、両国にある回向院には、次郎吉の墓がある。10年捕まらなかった運にあやかろうと、墓石を削りお守りに持つ風習が昔より盛んで、特に「するりと入れる」と合格祈願にくる受験生が後を絶たず、墓石の表面は見事に削り落ちている。

●盗んだ金は博奕と女へ

時代劇での鼠小僧は、金品が有り余っている武家屋敷を狙い、その戦利品を庶民に配る義賊として描かれている。モデルとなった次郎吉は果たしてどうだったのか。

次郎吉も武家屋敷を狙っていたのは時代劇と同じである。ただ、彼が武家屋敷を選んだのは、深い哲学があったわけではなく、商家に比べて隙が多かったから。大きな武家屋敷は一度敷地内に侵入してしまえば、広大で閑散としているため、自由に行動することが可能だったからだ。また、次郎吉は警戒されている金蔵を狙わず、婦人が生活する場所で小金を狙った。これは職人見習いの時代に、武家屋敷に出入りして得た情報を生かしたのだろう。

武士は自身の家に泥棒が入っても、世間体を気にして訴え出ることが少なかった。武家として泥棒に入られたということは、隠したいほど恥ずかしいことであったのだ。次郎吉にとって、武家屋敷は格好のターゲットだったのである。

盗みに入られた武家の中で、特に被害額が大きかったのが、美濃大垣藩主・戸田采女正《うねめのしょう》の屋敷。420両も盗られている。他にも会津若松の松平肥後守の屋敷や越前福井の松平越前守の屋敷は1、2年おきに3、4回被害に遭っており、完全に次郎吉のお得意様になっていた。

その一方で、何度か挑戦するも成功しなかった屋敷も十家ほどあった。ただ、それらの屋敷が警備が強固だったため侵入できなかったのか、そもそも金目のものが少なかったからなのかどうかは不明である。

ちなみに、次郎吉は盗んだ金を庶民に配ることはなく、博奕と女にすべて使っていた。とてもじゃないが、義賊と評判になるような人物ではなかったのである。

●怪盗鼠小僧、もう一人のモデル

では、なぜ彼がテレビ時代劇のモデルになるほどのスターになってしまったのか。

その背景には次のような理由があると思われる。

まずひとつは、次郎吉は義賊ではなかったが、血を流さなかったこと。あくまで金品だけが目当てだったので、盗みに入った先で人を傷つけるようなことはしなかった。犯罪者にしては残虐なイメージがなかったことが、人気につながったのだろう。

墨田区回向院にある鼠小僧次郎吉の墓

次に、理由はどうであれ武家屋敷をターゲットにしたこと。当時の庶民にすれば、武家屋敷に忍び込むというのは痛快で、自分たちの不満の代弁者として次郎吉をみなした人も多かったはずだ。

また、次郎吉は斬首になる当日、本人の希望で薄化粧をして口には紅をさし、長襦袢に縮青梅の羽織、黄色の帯に黒の腹巻姿で、歌舞伎役者のようだったとの記録もある。死刑囚にそういった格好をさせるなど、いまでは考えられないことだが、江戸時代には処刑前の囚人の最後の願いを聞き入れることがあった。この姿は当時の江戸庶民に強いインパクトを与えたらしく、次郎吉を実物以上の人物に見るようになったのかもしれない。

次郎吉が斬首されてほどなくして、実録本『鼠小僧実記』が発売される。しかし、斬首された次郎吉をそのまま主人公にするのは気が引けたようで、主人公の名前は、次郎吉が世に出る半世紀前にいた盗人・稲葉小僧からとって稲葉幸蔵となっている。

稲葉小僧は、江戸中期に淀藩主である稲葉家の侍医の子として生まれる。天明年間に大名屋敷に忍び込み、刀や脇差を盗むがやがて捕縛される。しかし、上野池端で便所に入ったところで逃走。その後、病死した。稲葉小僧は、武家屋敷を狙っていたところが次郎吉と共通している。やはり、武家相手に悪さをするというところは、庶民からの人気を得るためには、外せないポイントになっていたようだ。

さらに、安政４（１８５７）年には、実録本『鼠小僧実記』を原作とした歌舞伎「鼠小紋東君新形」が中村座で上演され大ヒットとなる。それ以降、今日につながる鼠小僧のイメージができ、庶民の中で英雄としてすっかり定着するようになった。

07 剣豪、宮本武蔵の本当の実力は？

【伝説的な戦いの数々はほとんど創作？】

日本一の剣豪・宮本武蔵といえば、小説、テレビドラマ、映画で多く作品化される人気の高い人物である。

まず、そんな宮本武蔵の一般的に知られている一生を振り返ってみたい。

天正12（1584）年に現在の兵庫県西部・播磨《はりま》（美作《みまさか》との説も）に生まれた武蔵は、幼いころから剣を学び、13歳で新当流の有馬喜兵衛との決闘に勝利、その後は二刀流を武器に諸国を渡り歩き、京都の吉岡一門などと争いを繰り広げ、下関沖の巌流島では佐々木小次郎と決闘。小次郎を破った武蔵は日本一の剣豪として世に知られるようになった。

●宮本武蔵はすべてウソ

多くの方がなじみのある武蔵の武芸談であるが、彼の一生のほとんどは、作家・吉川英治の小説『宮本武蔵』の中で語られている武蔵の人生である。吉川英治自身も自分の随想の中で、

宮本武蔵像（島田美術館蔵）

「真実は微々たるもの」と認めている。

吉川英治が参考にしたのは、二天一流師範の豊田景英が書いた『二天記』である。

この『二天記』も、武蔵の死後１００年以上経って記されたものであり、信憑性という意味では怪しいところが多い。そこに吉川英治の脚色も加わっているので、世間が持っているイメージは真実と大きく異なっている。

武蔵自身が記したとされる『五輪書』では、自らの人生を、

「生まれは１５８４年。13歳の時に有馬喜兵衛との戦いに勝利。16歳の時に秋山某と戦い勝利。21歳で都にのぼり、天下の兵法者と会って数度勝負して勝利。29歳まで合計60回の勝負をしたが負けたことがない」

と振り返っている。巌流島の決闘や吉岡一門との戦いのことは自分で書いていないのだ。有名な巌流島の決闘についても内容はあやふやで、『二天記』以前の書物では、「武蔵は多く

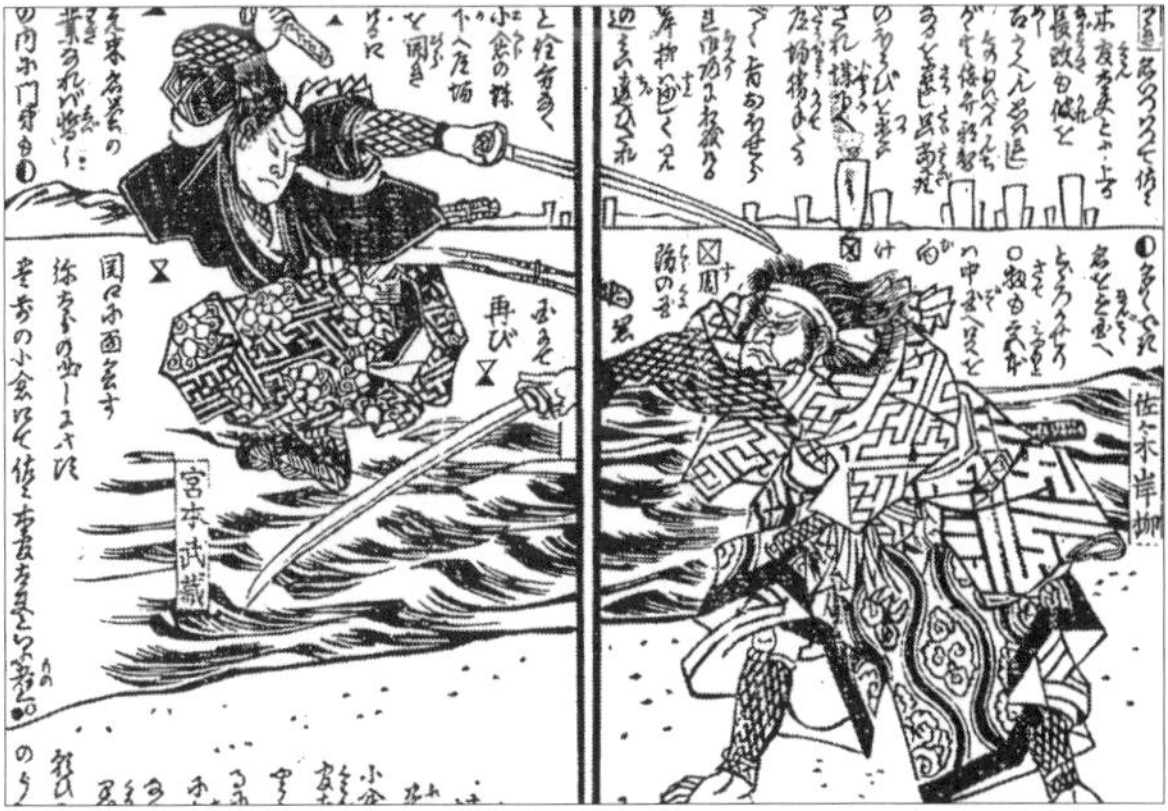

明治時代に出版された『絵本 宮本武蔵』より巌流島の決闘。左が武蔵、右が小次郎。

弟子を連れてきて、小次郎を急襲した」ということになっている。また、一般的には武蔵は29歳の時に小次郎と決闘したとされているが、「決闘は19歳の時」と書いている文献もある。

武蔵の人生を客観的に記した書物は死後100年以上も経って書かれたものしかない。そもそも、人生の大半を浪人として過ごした武蔵の確かな生涯を知ることは不可能に近い。

武蔵伝説の真実の多くは、藪の中と言わざるを得ないだろう。

●画家・宮本武蔵

多くの決闘に確証がない宮本武蔵だが、歴史的に見ると、実は剣よりも美術での評価の方が高い。美術家としての武蔵は江戸時代から評判だった。現存している武蔵の絵は40～50点と言われている。

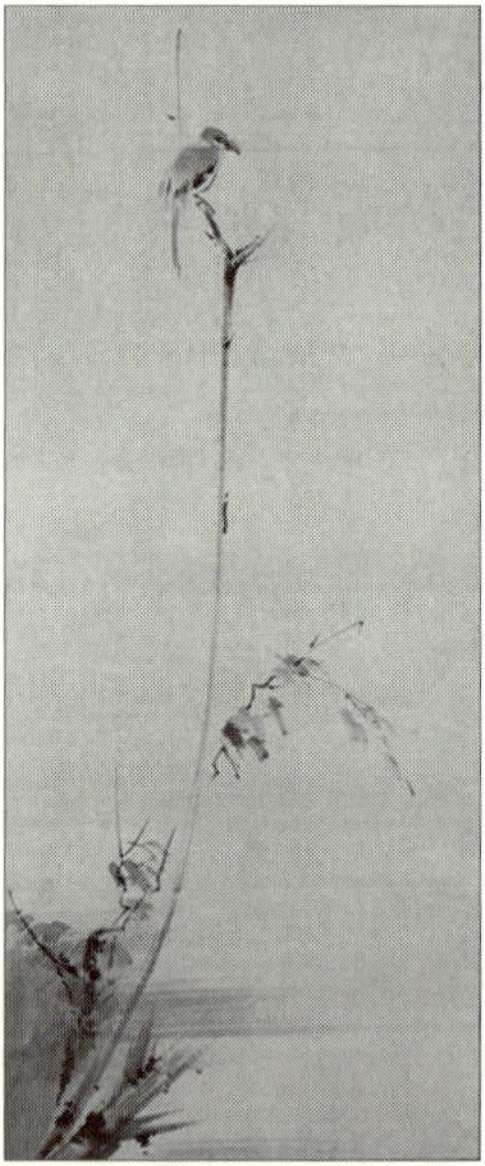
宮本武蔵画『枯木鳴鵙図』

すべて水墨画であり、その中には国の重要文化財に指定されているものもある。

『五輪書』では、「万事において、我に師匠なし」と語った武蔵だが、その画風は、当時の美術界の最高峰である画家・長谷川等伯《とうはく》の影響を受けていると言われている。美術の専門書にも、「筆力、長谷川等伯に似たり」との記述が残されている。通説では、武蔵は吉岡一門と争っていた時に京に滞在しているが、同時期に等伯も京にいたため、弟子入りをしないまでも、何らかの影響を受けたことは考えられるだろう。

さらに武蔵の絵画の客観的な評価を見てみたい。

当時の画家を9段階で評価した江戸時代後期の評を見てみると、武蔵の絵画は「円山派」の祖で、はじめて「足のない幽霊」を描き始めたとされる円山応挙よりも評価が高い。さらに、江戸中期の画家である渡辺崋山や田能村竹田《たのむらちくでん》は、武蔵の絵の熱狂的なファンであった。時代が変わり、大正時代に活躍した白樺派の作家、武者小路実篤も、「武蔵はなかなかいい絵を描く。

画家として一流の人物で画が本物」と絶賛している。

剣の実力を立証するのは難しいが、武蔵が残した絵画を見れば、彼が一流の芸術家であることはわかる。武蔵は美術の分野で評価されるべき人物なのかもしれない。

●江戸時代の意外な武芸者たち

江戸時代に活躍した人物の中には意外な武芸者が存在する。

寛政の改革を指導した松平定信は、柔術の名人であった。病気がちであった定信は、健康のために柔術を習い始め、死ぬまで鍛錬を怠らなかった。実子に自ら教えたり、新しい技を編み出すなど研究を続け、大名でありながら、起倒流柔術の鈴木邦教《くにたか》に弟子入りもしている。邦教は数千人いる弟子の中で、定信を「3本指に入る」とその実力を絶賛している。他にも弓術を幼少の頃より学び、自ら新しい流派を生み出すほどであった。文人・政治家のイメージが強い松平定信が武芸にも興味を持っていたのは、意外な事実であろう。

幕末期になると、武士の作法として武芸が改めて注目されるようになったことで、多くの人物が武芸に興味を持つようになる。

抜く必要がないと自らの刀を縄でしめていたという勝海舟は、「幕末の剣聖」として名高い従兄弟の剣豪・男谷精一郎《おだにせいいちろう》や、その弟子の島田虎之助の道場で学んでおり、直心影流《じきしんかげりゅう》の免許皆伝であった。

　その海舟とともに咸臨丸に乗船し、後に慶応義塾大学を創設する福沢諭吉は若い頃から、立《たつ》身新流《みしんりゅう》居合《いあい》の稽古を続け、免許皆伝であった。諭吉は旅行に出かける時も居合刀を携帯し、健康のために振っていたという。

　一方、北辰一刀流の使い手とされる坂本龍馬は、同流の免許皆伝を持っておらず、彼が小説や映画で知られているような剣豪であったかは不明である。小説やドラマでは、龍馬が斬るつもりで勝海舟のもとを訪れるも、感銘を受けて弟子入りするというエピソードが描かれるが、もし龍馬が海舟を斬ろうとしても、逆に直心影流の免許皆伝である海舟に返り討ちにあっていたかもしれない。

第二章
あの有名事件、驚きの舞台裏

08 島原の乱は宗教一揆ではない？

【江戸時代最大の一揆、参加者の意外な顔ぶれ】

●農民反乱かキリシタン一揆か

江戸時代初期の寛永14（1637）年に起こった島原の乱は、一般的に天草四郎を中心としたキリシタンが蜂起した〝宗教一揆〟だと考えられている。一揆軍の総数は約3万7000人（非戦闘員を含む）。しかし、実はそのすべてがキリシタンだったわけではない。天草地方の領主・松倉勝家の圧政に抵抗する農民など、ほかの目的のために戦った者も少なくなかった。

幕府側も一揆軍の居城である原城に立てこもっているのが、キリシタンだけでないことを知っていた。戦闘中には「無理やりキリシタンにされて戦っている者は、殺さずに田地を与えるから投降せよ」と矢文で呼びかけている。この呼びかけに対して一揆軍は「信者以外もいるが、全員、キリシタンの敵と戦うために命を賭ける」と返答。城内にいる者が信者だけでないことを認めているのだ。

そもそも、当時のキリシタンというのは、どれだけキリスト教を信仰していたか怪しいところがある。豊臣秀吉や徳川家康が禁教令を出すと、多くのキリシタン大名は抵抗なく、キリスト教徒をやめている。例外は、高山右近と小西行長くらいだろう。禁教令で教えを捨てたキリシタン大名の多くは、宣教師たちが持っている西洋の知識や物資が目的で、キリスト教への傾倒はいわばビジネスの一環だった。こうした傾向は商人の間にも存在していたため、純粋なキリスト教徒は記録上よりも少なかったようだ。

これは島原の乱でも同じで、一定数いたキリシタンと圧政に苦しむ農民が結託して叛乱を起こしたというのが実情であった。実際、一揆軍を指揮していたのは、代表者の天草四郎ではなく、50代から60代の元戦国武将の浪人であった。

江戸幕府が安定した政権になろうとしていたこの時代、最後の抵抗として浪人たちが決起したというのも島原の乱のひとつの側面であった。

天草四郎像（天草市・殉教公園）

●天草四郎の実像

島原の乱の反乱軍のリーダー、天草四郎は当時16歳であった。

天草四郎というと、色白の美少年のイメージがある。実際、肖像画や銅像では中性的な顔立ちで、江戸時代の文献でも美男子だったとしているものがある。しかし、その多くは江戸時代末期につくられたもの。同時代の資料には「小瘡煩《こがさわずらい》」「肥前瘡煩《びぜんそうわずらい》」とあるため、伝染性の皮膚病を患っていたらしい。残念ながら肖像画や銅像のような美少年でなかった可能性は高い。

服装にしても、後世の創作が混じっている。肖像画や銅像では、天草四郎は洋風の衣装を着ているが、本当にそのような格好をしていた確証はない。江戸期に描かれた肖像画では、羽織袴の和装である。洋装の天草四郎は、大正期になって描かれるようになったものだ。

また、天草四郎を殉教者とみるケースもあるが、キリスト教からは正式な殉教者としては認められていない。そもそも、キリスト教での殉教の条件は「信仰上の無抵抗な死」。幕府軍と4か月にもわたって戦闘を繰り広げた天草四郎は、その条件を満たしていない。さらにいえば、カトリック教では政治的な抵抗を認めていない。天草四郎がしっかりとキリスト教を学んだ宗教家であったならば、島原の乱のリーダーになることはなかったはずだ。そのことからも、島原の乱が純粋な宗教反乱とは考えづらいのである。

●苦戦した理由は内部にあった

幕府軍は徹底的に一揆軍が抵抗したため、大変苦しめられたとされているが、苦しんだ原因

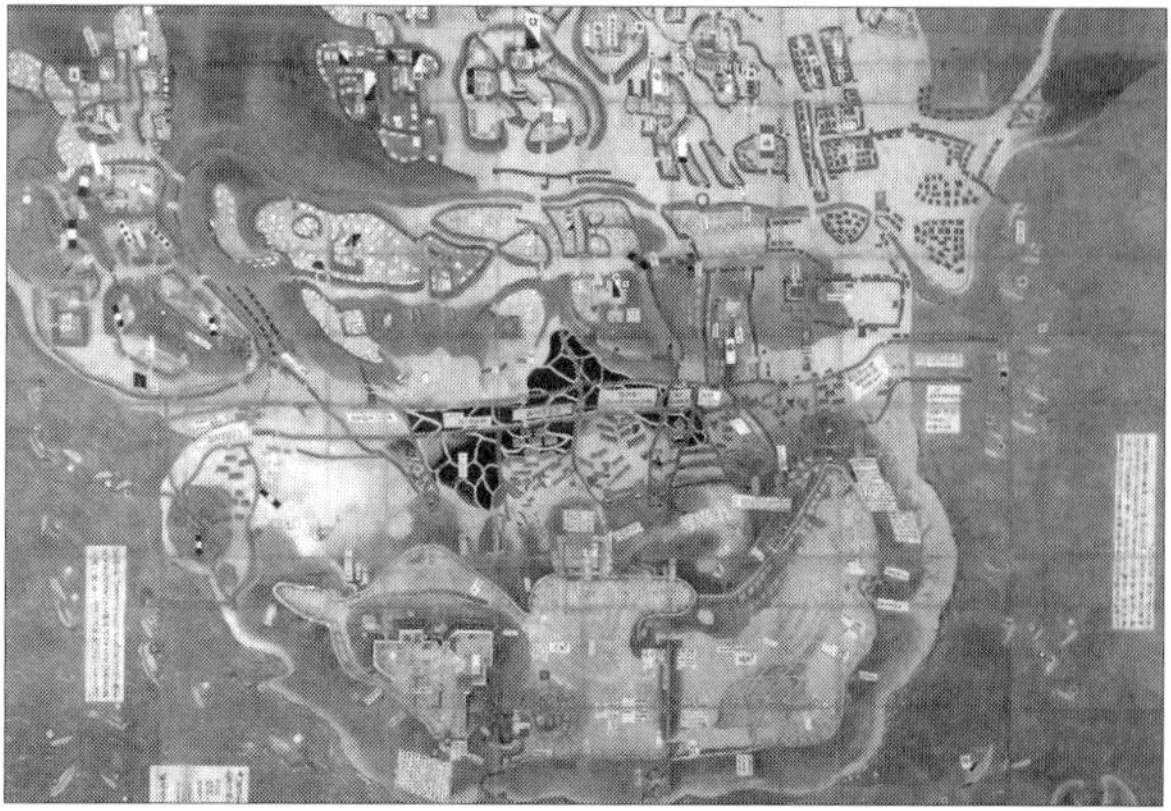
幕府軍による原城包囲の図

は内部にもあった。

そもそも、幕府軍には初動ミスがあった。天草地方の領主であった松倉氏は、反乱が起こるとすぐに援軍を要請。しかし、周辺大名は加勢にこなかった。その原因は、武家諸法度で、「幕府の許可なく勝手に兵力を動かしてはならない」という決まりがあったからだ。

実際、熊本藩主であった細川忠利は、仙台藩主・伊達忠宗に送った書状に「明日、城が落ちようとも、将軍の命令がなければ見物している」と書いている。

絶大な力を持っていた徳川政権下で無理なことは承知であるが、もし、もっと柔軟に周辺大名が行動を起こしていれば、ここまで大きな一揆にはならなかったかもしれない。

原城攻撃にはオランダ軍も参加し、2週間で

425発の大砲を打ち込んでいる。この攻撃は幕府からの要請というよりも、オランダ独自の判断で行われていた。当時、オランダはポルトガルと日本の利権を争っている最中で、ポルトガルよりも頼りになるところを見せたかったようだ。しかし、幕府内部から「外国の力を借りるのは屈辱的」との意見が出たため、砲撃は中止してもらった。幕府軍からしてみれば、余計なお節介であった。ただ、このお節介はそれなりの成果があったようで、島原の乱の翌年にはポルトガル船の来航が禁止され、欧州で日本との交易はオランダに限られることになった。

さらに、最後の総攻撃をする時にも問題が起きた。

佐賀藩の鍋島勢は軍令違反と知りながら、抜け駆け行為をして戦闘を開始する。戦国の世であれば合戦も多く、戦功を挙げれば出世できる。しかし、平和な世の中となった江戸時代では、それも期待できない。武士たちにとって島原の乱は〝最後の見せ場〟であり、功に焦ったため軍令違反も起きたようだ。城内に入ると、幕府軍は軍功を挙げたことを証明しようと、首を打ち取る者や死体の鼻を削いで持ち帰る者が続出したという。

ただ、そんな努力も多くは実らなかった。鎮圧後に諸大名は小倉に集められ、将軍・家光から慰労の言葉がかけられたが、恩賞はほとんど出なかった。島原の乱は、農民一揆でしかなく、新たに領地が手に入る戦いではなかったからだ。

命を賭けて戦った者たちは、その結果に肩を落として落胆した。

09【動物の殺生を禁じた稀代の珍法律】
生類憐みの令の意外な目的とは？

●生類憐みの令、本当の目的

日本の歴史上、もっとも変わった法律といえば、「生類憐みの令」だろう。「生類憐みの令」は、犬公方こと五代将軍・徳川綱吉が発令。一般的には犬の保護が有名だが、犬以外にも、牛、馬、猫、猿、鶏、蛇、さらには、ウナギ、蚊、ドジョウにまで適用された。

これまでの通説では、跡取りができない綱吉が、以前から大奥で評判がよかった隆光《りゅうこう》という僧に相談。隆光が「継嗣が生まれないのは、綱吉が前世で多くの殺傷を行った報い。生類を憐れむことで跡取りもできる」と進言したことではじまったとされている。

しかし、「生類憐みの令」には隠された別の目的があった。

江戸時代は、100年近く続いた戦国時代が終わった後に誕生したため、互いが殺し合うことが当然であった時代の影響が庶民の間にも色濃く残っていた。生活に困って自分の子供を捨

生類憐れみの令を発令した五代将軍・綱吉

てたり、病に倒れた親を治療もせずに山に置き去りにしてしまうことも珍しくなかったのだ。

簡単に命を粗末にするような社会では、世の中は安定しない。幕府は庶民に「平和な世の中でのモラル」を植え付ける必要があった。そうした背景があり、「生類を粗末にしない」ことの延長で「生類憐みの令」が生まれたとも言われている。

また、「生類憐みの令」は、ひとつの法律だったわけではない。天和2（1682）年に「病人や病気の馬を捨ててはならない」という高札を掲げたのを皮切りに、綱吉が死ぬまで続々60回、生類に対しての法律が生まれた。

綱吉がもっとも重要だと考えていたのは、いかにして安定した社会秩序を作るかということであった。「命を粗末にしてはいけない」というのは、社会秩序安定の基本である。しかし、綱吉の性格は「いったん思い込むと変えられない」ところがあったようで、その性格が災いしてか、法令が容赦のない厳しいものとなってしまう。

●違反者には容赦ないお仕置き

「生類憐みの令」について、新井白石は、「一禽一獣のことで極刑に処されたり、一族に罪が及んだり、一家離散に追い込まれた者は数千人から一万人に達した」と書き留めている。

処分された者の具体例を挙げてみよう。

・小姓・伊東基久は、頬にとまった蚊を叩いて流罪。
・下館藩の家臣は、噛みついてきた犬を斬り殺して、切腹。
・大坂の与力・同心が鳥を鉄砲で撃ち殺して商いをしたため、11人が切腹。子供らは流罪。
・本所相生町の大工の弟子は、犬を斬ってさらし首。
・水野藤右衛門元政は門の上に群がっている雀や鳩を小石を投げて追い払うところを下男に密告され謹慎処分。密告した下男は評価され出世する。
・病気になった馬を荒れ地に捨てた武士・百姓25人が神津島へ流罪。
・江戸城台所頭であった天野五郎太夫は、台所の井戸に猫が落ちたのを気づかなかったため八丈島へ流罪。

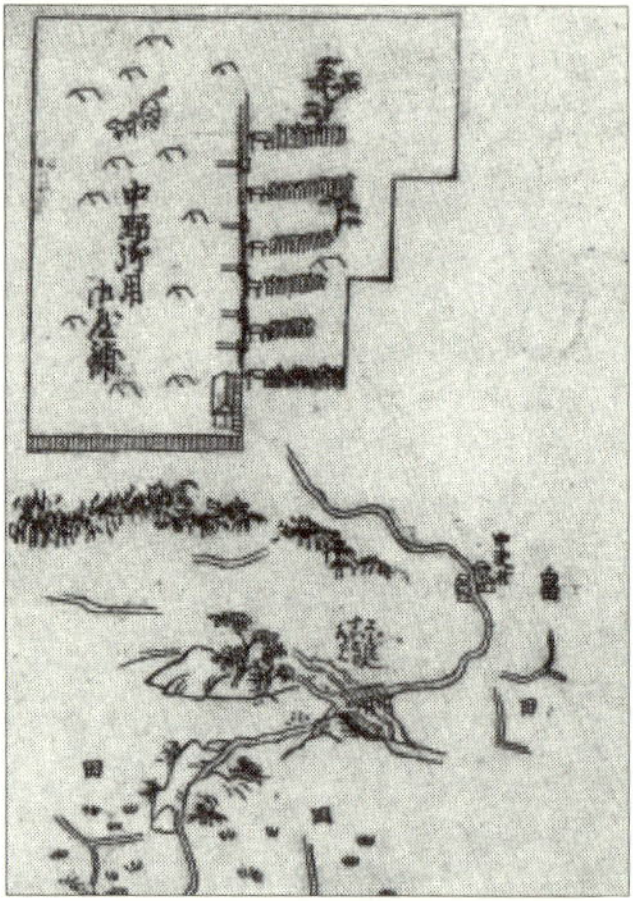
犬小屋の位置を記した地図。犬小屋は現在のJR 中野駅近辺にあったとされる。

このように、法令違反者には重い罪が課せられた。「生類憐みの令」を徹底するため、犬目付という役人も生まれ、市中を歩き回って監視した。

さわらぬ神に祟りなし、と庶民は野良犬がいてもエサをあげることもなく、動物愛護の精神を持つどころか、見かけたら逃げるようになってしまった。その結果、飢えた野良犬が増加。そこで幕府は、四谷、中野などに犬小屋を設置して、10万匹もの犬を収容した。犬小屋には同心が15人も配置され、管理にあたることになった。

●庶民も水戸黄門も反発

常軌を逸した「生類憐みの令」には、当然、反発も少なくなかった。もっとも過激に反発したのが、水戸黄門こと徳川光圀である。すでに政治の表舞台から引退していた光圀だったが、水戸領内でも庶民が野良犬やイノシシから害を被っていることに腹を立てる。

「人間に害があっても、そのままにしておくとは、鳥獣を人間以上と見ているのか。今後は犬でもイノシシでも、人間に害を及ぼした時は斬り捨てろ。死骸の皮は剥いで使え」

光圀は水戸城に登城し、そう命じた。しかし、藩主の徳川綱條《つなえだ》は従おうとしない。水戸藩は過去に、屋敷の前に死んだ鴨が落ちていたというだけで幕府に咎められたことがあったからだ。

すると光圀は鷹狩りをすると言い出し、領内を巡察。野放しになっていたイノシシや狼を討ち獲る。さらに、水戸城下の野良犬の掃討作戦を決行し、多くの野良犬を殺害すると皮を剥いで綱吉に贈った。受け取った綱吉は一目見ると、「捨てろ」と不快な表情をしたという。この一件以来、江戸城中では、「水戸殿は狂われた」とのウワサが流れたとか。

もちろん、光圀だけでなく、庶民からの反発もあった。

江戸の北、千住の宿の路地に2匹の犬が磔られ、「この犬、公方の威をかり、諸人を悩ます。よって、かくの如く行うものなり」との札が掲げられた。

綱吉は宝永6（1709）年に63歳で亡くなる時に、「100年後といえども、この法だけは存続させろ」と言い遺したが、六代将軍となった徳川家宣は就任するとすぐに綱吉の霊前に「ご遺言は重く思っているが、生類憐みのことは、きょうより禁令を解除します。また、罪を問われているものは赦免します」と報告。老中へ命じて布告させている。

こうして、庶民は、この異常な法令から解放されたのであった。

10 悪人、田沼意次は正直者だった？

【江戸時代最大の悪役への本当の評価】

●律義者、正直者の田沼意次

日本の歴史上で〝悪役〟と呼ばれる人物はそう多くはない。奈良時代に政治を牛耳った道鏡、本能寺の変で主君の織田信長を討った明智光秀が代表的な人物だが、中国の歴史と比べてみると、悪役の少なさは歴然としている。そんな日本の歴史にあって江戸時代の悪人として必ず名前が挙がるのが、田沼意次《たぬまおきつぐ》だ。

意次の〝悪〟の要素として必ず取り上げられるのが、賄賂《わいろ》を中心とした金権政治。現代でも金権政治にどっぷり浸かった政治家は評価されないが、意次はその権化のようにいわれている。

しかし、注意しなければならないのは、江戸時代の倫理観はいまと違うということ。

江戸時代、賄賂は決して悪ではなく、むしろ物事を円滑に進めるためには必要なものという認識だった。清廉潔白なイメージがある寛政の改革の指導者である松平定信も、意次のもとにご機嫌伺いにいったという記録が残っている。

実権が田沼意次から白河藩主であった松平定信へ移行すると、巷では、

「田や沼や　濁れる御世をあらためて　清く澄ませ白河の水」

と詠まれたというが、そんな松平定信も賄賂とは無縁でなかったのだ。

田沼意次像

はたして、田沼意次とは本当に悪人だったのか。

まずは同時代の田沼意次の人物評を見てみよう。

京都の奉行所で与力を務めた神沢《かんざわ》杜口《とこう》は、田沼意次についてこう書き残している。

「外面は親しみやすく諸大名とは親しく付き合い、自身の出世を謙遜し、下級の家来にまで親切に声をかけるなど、少しも権勢を誇るところがなかった」

意次を重用した九代将軍・家重の評価は、「またうとのもの（律義者、正直者）」である。

実際、田沼意次はかなり気がつく人物だったらしく、冬の寒い早朝に江戸城に登城する際は、家臣の体を温

めさせるために、出勤前に酒を振る舞ったこともあったという。その時、酒が飲めない下戸の家臣には温かい食べ物を出すという気配りも見せている。意次は遺訓に「身分のわけへだてなく、心を配るように」との言葉を残している。権力の中枢に上り詰めても、もとは小身旗本の出であった意次自身が、その言葉を終生実践していたようだ。

金権政治の権化のように見なされてきた意次であるが、彼が他の老中より多額の賄賂を受け取っていた、という証拠はない。賄賂政治というだけで人間性も否定されがちな田沼意次だが、将軍から律義者と言われ、家来に対して思いやりの心を持つ人物を〝悪〟と簡単に論じるのはもったいない。

●意次が目指した重商主義

江戸時代の三大改革といえば、八代将軍・吉宗の「享保の改革」、松平定信の「寛政の改革」、水野忠邦の「天保の改革」である。この三大改革には「質素倹約」を基本とする共通点があるが、そもそも倹約政策には限界がある。ならば積極政策で現状を打開しよう、と考えたのが田沼意次であった。

田沼意次の代表的な経済政策は、間接税の強化である。

田沼時代は、多くの天災に見舞われた時代であり、幕府は財政難に苦しんでいた。しかし、

目玉だった印旛沼の干拓。実現すれば大きな経済効果が期待できた。（国土地理院）

いくら財政難だからといって天災で疲弊した農民からさらに税を取り立てることは不可能であった。そこで意次は、商売を独占できる株仲間という制度を作り、その権利を認める代わりに商人たちから税金をとった。

この方法ならば、倹約政策と違って経済を停滞させることはない。商人はますます商売に励むため、お金もより多く回るようになる。意次の読みは当たり、低迷していた江戸の経済は息を吹き返すことになった。

だが、武士の中にはそんな意次の政策を快く思わない者もいた。江戸時代の武士には、質素倹約を美徳とする風潮がある。「どんどんお金を使う」という意次のやり方は、いやしい方法と映ったようだ。

実際、意次の政策は問題も生じさせた。株仲間と担当役所が癒着するようになり、賄賂がさらに横行するようになった。株仲間と担当役所の癒着は、物価の高騰も招いた。そのあたりが意次に悪いイメージを抱かせる原因となったのだろう。

田沼意次の積極政策には、印旛沼の干拓という大きな目玉もあった。印旛沼は現在の千葉県西部に広がる広大な沼で、以前にも水害防止と新田開発のために干拓が計画されたことがあった。意次はそれを引き継いだのである。

巨大公共事業である印旛沼の干拓は当初、順調に進んでいた。しかし、全工程の7割を終えたところで豪雨に襲われ、辺り一面が大洪水になってしまう。結局、工事再開の目処が立たないうちに意次は失脚する。意次は干拓と同時に印旛沼に沿って水路を掘り、江戸と利根川をつなぐ運河を作ることも計画していた。もしそれが成功していれば、江戸と北方を結ぶ航路は一気に短縮され、大きな経済効果を生んだはずだ。

田沼意次の改革は、不運も重なったため、志半ばで終わる。だが、その改革はただ質素倹約を宣言するだけだった他の改革に比べて、革新的な内容であったことは間違いないだろう。

●もっとも開明的な政治家

田沼意次には新しいものを取り入れようとする開明的な面もあった。鎖国政策以降、幕府

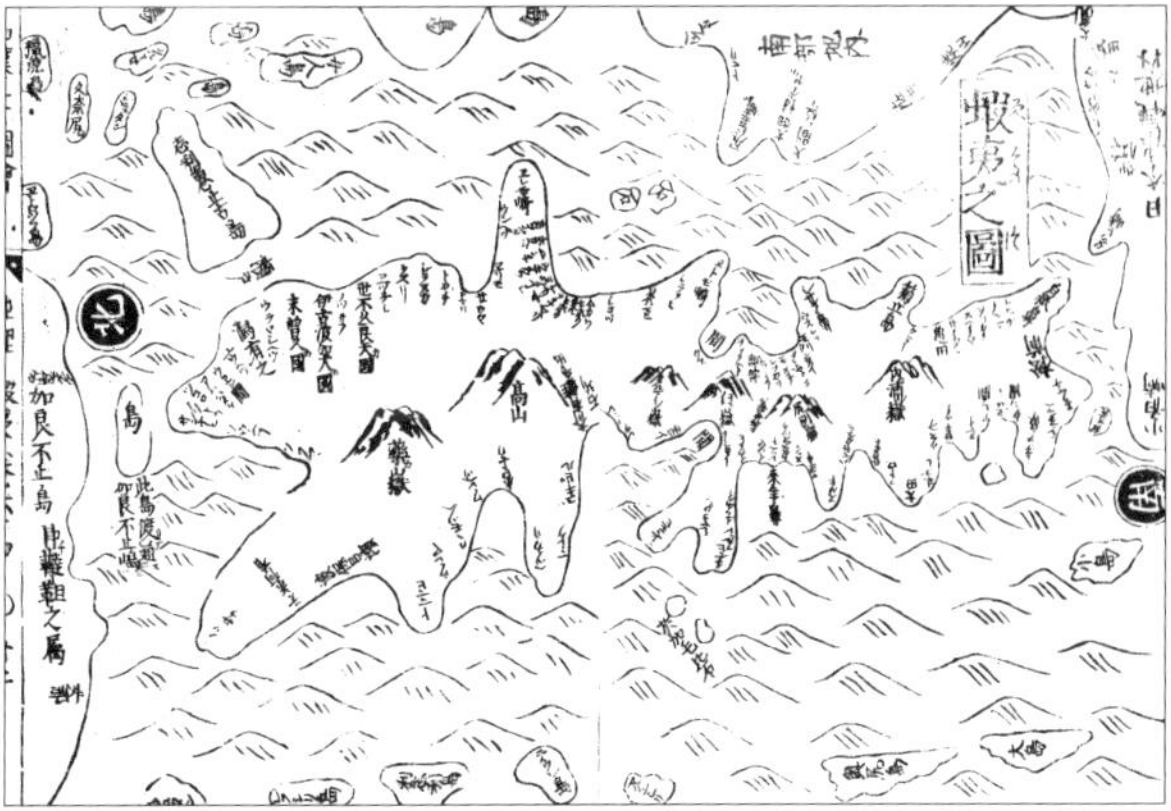

『和漢三才図会』の蝦夷之図。田沼意次はこの地の開発も視野に入れていた。

は海外貿易を縮小させる方向にあった。だが、積極政策をとった田沼意次は逆に海外貿易を拡大させようとする。輸出用の銅を確保するために、大坂に銅座を開設。さらに主要な輸出品である俵物（煎海鼠《いりなまこ》、干鮑《ほしあわび》、干貝柱《ほしかいばしら》などの乾物）の増産にも力を入れた。

意次はもともと西洋文化に強い関心があり、屋敷にはウェールガラス（晴雨計）、タルモメートル（寒暖計）、ゾンガラス（日食観測鏡、サングラス）などが揃っていたという。当時のオランダ商館長からは、「もっとも開明的な政治家」と評されている。

そんな意次が目をつけたのが、蝦夷地であった。蝦夷地は稲作には適さなくても、新たな鉱物資源が眠っていると見られていた。そんな蝦夷地を開発し、最終的には北に控えるロシアと通商条約を結ぶことまで構想していたようだ。しかし、意次は計画中に失脚、構想はとん挫してしまった。失敗はしたものの、意次が早い段階から海外に着目していたことは確かである。そんな意次に大きく影響を受けたのが、薩摩藩主・島津重豪《しげひで》だ。

意次と親交があった重豪は、その経済政策を参考にし、意次が失脚して松平定信が質素倹約の政策をとるようになってもそれを無視して積極政策を推し進めた。外国にも強い関心があり、オランダ商館と独自のパイプを築いて、オランダ語や中国語を学んだ。シーボルトに対面した際は、鳥の剥製方法や昆虫の保存方法などを熱心に質問したという。

この重豪の海外に対する好奇心を受け継いだのが、曾孫の島津斉彬《なりあきら》であり、その斉彬の内弟子のような存在にあたるのが、幕末から明治維新にかけて活躍する西郷隆盛である。

清廉潔白なイメージを持つ西郷の知の系譜をたどっていくと、賄賂政治で名高い田沼意次にたどり着くというのは意外な事実ではないだろうか。

11 【幕政を揺るがした江戸最大のスキャンダル】
江島生島事件に隠された疑惑

●政争に利用された江島生島事件

各地から集められた美女がひしめく、将軍専用のハーレム「大奥」。

その大奥で、かつて幕政を揺るがす一大スキャンダル事件が起きたことがあった。それが、正徳4（1714）年に起きた江島生島事件《えじまいくしまじけん》である。

事件の顛末は次のようなものである。

六代将軍・家宣《いえのぶ》の側室で、七代将軍・家継《いえつぐ》の母である月光院に仕えていた御年寄・江島が、月光院の名代として家宣の墓参りを行った。その帰路、江島は大勢の大奥女中とともに山村座で歌舞伎を見物。2階の桟敷席で酒や料理を楽しみながら、濡場の名手で美貌が評判であった生島新五郎の演技に夢中になった。幕間には生島も桟敷に姿を見せ、酒宴は盛り上がる。芝居が終わると江島は生島ら多くの役者と連れ立って茶屋へ移動。そこでも大いに盛り上がったため、江島は大奥の門限に遅れてしまった。

大奥の者は、定期的に外出することを許可されていたため、江島の罪は門限破りだけであった。江島自身も当初は、さほど大きな問題だと思っていなかったようだ。しかし、この門限破りが政治的に利用されたことで、状況は一変する。

江島が仕えていた月光院は、現役将軍の母親であるため、大奥で強い力を持っていた。その威光は幕政にも及び、月光院の後ろ盾を得た側用人の間部詮房《まなべあきふさ》や新井白石が幕政の中心で幅を利かせていた。

それを面白くないと感じていたのが、六代将軍・家宣の正室・天英院だった。天英院は間部や新井の反対勢力と結託。江島の一件を足がかりに、月光院の追い落としを画策したのだ。

天英院らの働きかけで、江島の門限破りは幕府を揺るがす大問題に発展し、関係者には異常な処罰が次々と下されることになる。

事件の当事者である江島は、死罪。生島は三宅島に島流しにされた。江島は後に月光院の口添えもあり、罪一等を減じられたが、信濃国伊那郡高遠藩（現・長野県伊那市）の囲み屋敷に死ぬまで27年間も幽閉されることになった。この事件で処分されたのは、他にも約1500名。その中には、妹の監督責任を問われて切腹させられた江島の兄もいる。

江島生島事件の影響で、間部詮房と新井白石は徐々に力を失っていく。七代将軍・家継が8

江島生島事件を題材にした月岡芳年の『生島新五郎之話』

歳で亡くなり、天英院が推薦する吉宗が八代将軍に就任すると、間部詮房は失脚。越後村上藩に転封され、事実上、左遷された。新井白石もすべての役職を解かれ、政治の表舞台から追放。余生を執筆活動に捧げることになった。大奥の奥女中の門限破りだった江島生島事件は、様々な思惑が絡み合った結果、幕府の勢力図を変える一大事件になったのだった。

●江島生島事件に隠れた危ないスキャンダル

実は、この江島生島事件の裏にはもっと大きなスキャンダルが隠れていたという説もある。

六代将軍・家宣は遺言で、間部詮房を七代将軍・家継の補佐役に指名している。

家継が将軍に就任した時の年齢は、わずか4歳。まだまだ母のもとで生活する年齢であったため、家継は実母である月光院の側で暮らすことになった。ただ、それでは政務が滞ることもあるので、前将軍から補佐役を指名された間部詮房は、特別に男子禁制の大奥に出入りすることが許可された。

家継の評判は非常に良かった。幼いながらすでに将軍としての威風があり、父である家宣の血を受け継いで慈愛の心があったといわれている。この成長は、間部詮房が常に付き添って家継を教育した結果であったようだ。

常に将軍に付き添う間部は、家継在任当時、一度も自宅に帰らなかったと言われている。ただ、そのため、世間からはある疑惑の目を向けられるようになる。月光院との男女の仲だ。

若い頃に猿楽師に弟子入りしたこともあった間部詮房は、なかなかの美男子であった。一方の月光院も目が大きく、華奢な体つきで絶世の美人と評判であった。そんな2人にウワサが立たない方がおかしいだろう。

そんなウワサを知ってか知らずか、家継も2人が大奥でリラックスしている姿を見て、「詮房はまるで将軍のようじゃな」と乳母に話したことがあったという。

はたして2人が男女の仲であったかどうか、その真実はわからない。だがもしウワサが本当であれば、江島生島事件以上の大スキャンダルであるはずだ。

大奥のスキャンダルは江戸庶民の耳目を集めた（楊洲周延『千代田之大奥 歌合』）

●他にもあった大奥スキャンダル

現在の我々が知る大奥は、三代将軍・家光の乳母、春日局によって作られ、慶応4（1868）年の江戸城明け渡しまで存続した。

多くの女性が生活する大奥では、その長い歴史の中で、江島生島事件以外にも大きなスキャンダルがあった。

そのうちのいくつかをここで紹介しよう。

・寺の住職が多数の奥女中と交際

享和3（1803）年、谷中の延命院という寺にあるウワサが流れる。大奥の奥女中や旗本の娘など、多数の女が頻繁に寺に出入りしているというのだ。それを聞いた役人が調べてみると、どうやら延命院の住職である日道という僧侶が、女犯の罪を犯していることがわかった。

延命院でのスキャンダルは物語にもなった（『延命院実記・谷中騒動』）

日道が密通していたのは、奥女中など59名。日道は元歌舞伎役者という異色の経歴の持ち主で、かなりの色男であったらしく、驚くことに、ほぼ同時期にそれら全員と関係を持っていたらしい。

日道は事件発覚後に死罪となった。幕府は関係を持った奥女中も処分しようとしたが、大奥がそれに抵抗。結局、奥女中らは不問になった。

・ホストクラブに招待された奥女中たち

十一代将軍・徳川家斉は15人の側室を持ったが、そのなかでもっとも寵愛を受けたのが、お美代の方。その実の父である日啓は僧侶であったが、若くハンサムな僧侶を智泉院という寺に集めて寺社に参拝する奥女中を接待していた。その内容というのは、酒宴を開いてもてなすホストクラブのようなもので、ときには性的なサービスを施すこともあったとか。

日啓の所業はその後、天保の改革で暴かれ、島流しとなった（執行前に獄死）。娘のお美代の方も江戸城から追放されている。

・イジメが殺人事件に発展

文政時代、江戸城内で血まみれになった女の死体が発見されたことがあった。その女は後に、大奥のあらしという女中であることが判明する。あらしは以前から大奥でのイジメに関わっていたとの話があり、彼女に恨みを抱いた者の犯行ではないかと疑われた。しかし、イジメはあくまでウワサである。大奥に波風を立てることを恐れたのか、結局、この事件ではだれも処分されることはなかった。

大奥はその特殊性から何か事件が起こると、いやがうえにも世間の注目を集めた。江戸の人々にとって、大奥のスキャンダルは、現代の芸能スキャンダルのようなものだったのかもしれない。

12 シーボルト事件には密告者がいた？

【事件の裏にあったスパイと隠密の戦い】

●シーボルト事件を密告した間宮林蔵

文政11（1828）年、出島オランダ商館に勤めていたドイツ人医師のシーボルトが、出島で軟禁される。容疑は禁制品の所持。海外への持ち出しが禁じられていた「大日本沿海輿地全《だいにほんえんかいよちぜん》図《ず》」を持っていたため、逮捕されたのだ。

シーボルトは取り調べに黙秘を貫き、結局、国外追放処分を受けた。この事件ではシーボルトに禁制品を渡した幕府天文方の高橋景保（牢の中で獄死）をはじめ、100名近い関係者が捕縛され、遠島、追放、永牢の処分を受けることになった。これがシーボルト事件である。

事件発覚のきっかけは、シーボルトの乗った船が台風で難破し、船の積み荷の中から地図が出てきたためだと言われることが多い。しかし、そうではなく、この事件にはそもそも密告者がいたのだ。

その密告者とは、樺太《からふと》検分で有名な間宮林蔵である。

間宮林蔵は、常陸国（現在の茨城県）出身。理数系の学問が得意であったことから幕府の役人に取り立てられ、測地術や地理学を村上島之丞や伊能忠敬から学ぶ。文化5（1808）年には、当時、島か半島かで意見が分かれていた樺太検分に出発。松田伝十郎らと樺太が島であることを確認した後、海峡をわたり大陸を調査した。

シーボルト（左）と間宮林蔵（右）

　間宮は非常に真面目な性格で、普段から「公儀に不忠の輩は殺さずにおけぬ」などと公言するほど、幕府に対して忠誠心が強かった。

　そんな間宮のもとにある時、シーボルトから手紙が届く。手紙は、間宮が蝦夷地の探険で収集した標本を見せてほしいといった内容であった。しかし、間宮は私的な外国人との交流が禁じられていることを理由に手紙を開封せず幕府に届け出る。この手紙が発端となって、シーボルトと高橋景保との交際が判明。幕府は密かに高橋に監視をつけ、その結果、シーボルト事件の発覚につながったといわれている。

間宮が密告者であることをシーボルトが知っていたかはわからないが、帰国後に彼は世界地図に「海峡・マミヤ」と世界で初めて記載している。間宮の名前を世界的に知らしめたのはシーボルトであった。

●スパイVS隠密

シーボルトと間宮林蔵の関係には別の見方もある。それは、シーボルトが密命を帯びて日本に入ってきたスパイで、間宮林蔵がその行動を阻止した隠密だったというものだ。

日本に興味を持っていたシーボルトは、なんとかして鎖国している日本を訪れたいと考えていた。そんな時、オランダ商館から日本行きを条件にある密命を受ける。当時、オランダは財政が逼迫しており、日本との貿易拡大を望んでいた。日本にはどのような特産品があるのか、また、日本の政治や経済、風俗はどういうものなのか、それらを調査研究し、報告するという任務である。

実際、日本にきたシーボルトは、本国から持ち込んだ資金で日本の様々な物品を購入。海外に持ち出すことに成功している。その中には、ミニチュアの日本家屋や仏像、さらにはニホンオオカミの剥製などが含まれていた。シーボルト事件で投獄された高橋景保からは、江戸城内

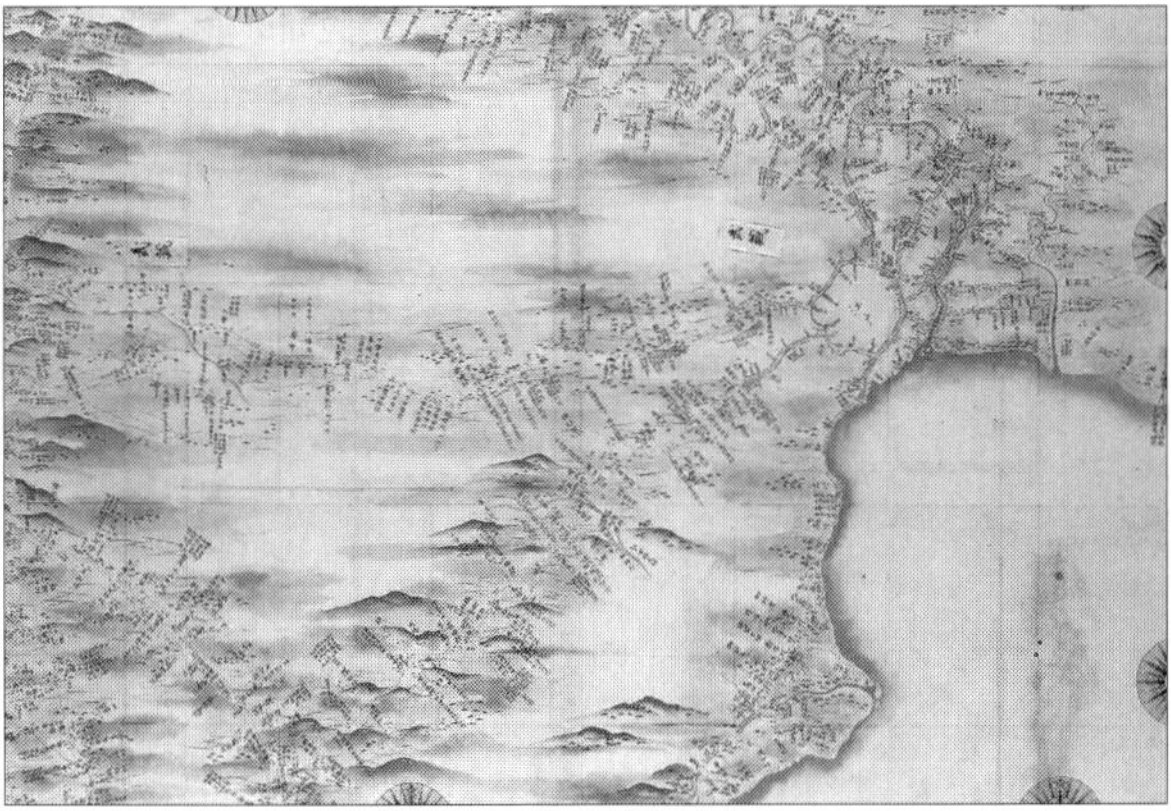

シーボルトが持ち帰ろうとした「大日本沿海輿地全図」

の詳細な地図まで提供されている。

　シーボルトは鳴滝塾を開き、1000人近い学生を全国から集めて医学を教えたが、それも密命を実行するためだったとする見方もある。もっとも有名な塾生である高野長英は、シーボルトからオランダ語で捕鯨の方法やお茶の製法などに関するレポートを書かされるなど、医学とはまったく関係のない指示を受けている。

　一方の間宮林蔵は、シーボルト事件以前にも浜田藩の密貿易を告発。その結果、浜田藩が重い処分を受けたことがあった。この密貿易の告発とシーボルト事件から、間宮は幕府の隠密だったとする説もある。間宮の業績として知られる樺太探険も、ロシアとの国境問題を抱える蝦夷地の実態を探るという隠密としての任務だったとも解釈できるだろう。

間宮林蔵は、常に夏は裸足だった。「それでは不便であろう」と川路聖謨が尋ねると、間宮は「足の裏が柔らかくなると困ることがある」と答えたという。これは、間宮が隠密行動の際に物乞いの格好をすることが多く、足の裏が汚くなければリアリティを出せないと考えていたからではないかとも言われる。シーボルトがスパイ、間宮林蔵が隠密であったならば、幕末になって本格的に外国の脅威を受ける前から、すでに戦いは始まっていたことになるだろう。

●思わぬ被害にあった通詞たち

シーボルト事件では、思わぬ被害を受けた者たちがいる。

当時、江戸幕府の世襲役人で公式の通訳を担当していた通詞たちは、帯刀を許可されていなかった。刀は1本だけ身に着けていたものの、正式な帯刀は刀を2本所持することである。通詞は武士としては認められていなかったのだ。

通詞たちは、幕府に帯刀の許可を求めていた。外国船がやってくれば、幕府の顔として外国人を対応するのは通詞である。そんな彼らが帯刀を許されなければ、外国人から軽く見られることになる。通詞たちは自分たちの仕事の重要性を幕府に認識してほしかったのだ。

しかし、そんな中、起きてしまったのがシーボルト事件であった。

シーボルト事件では、通詞の中からも処分者が出た。日頃からシーボルトと付き合いがあるのに、事前に告発せず見過ごしていたというのが処罰の理由であった。そんな状況で、通詞が自らの立場を良くしてほしいなど言えるはずもない。シーボルト事件の同時期には、通詞の名村元次郎が密貿易で処罰されるという事件もあり、通詞の肩身はますます狭くなってしまった。

幕末になり、外国船に乗り込む際は、通詞たちも2本の刀を帯刀することが許されるようになった。しかし、帯刀が許されたのはその時だけで、普段の帯刀は結局認められなかった。

シーボルト事件は、帯刀問題以外にも通詞のその後に大きな影響を与えた。関係者が重い処罰を受けたため、西洋の情報を得ようという通詞たちの好奇心が萎縮してしまったのだ。それまで、江戸にもたらされた西洋の最新科学の多くは、通詞出身の蘭学者によって紹介されていた。しかし、シーボルト事件以降、通詞たちは外国人とのつきあいを過度に警戒するようになり、優秀な学者を輩出することができなくなってしまった。

様々な外国勢力が押し寄せた幕末期、西洋事情に明るい彼らの働き場所は十分にあったはずだ。しかし、その時代に活躍した名のある通詞は皆無である。

13 井伊直弼は桜田門外で死ななかった?

【死後2ヶ月近くも生かされ続けた大老】

●江戸時代最強のラッキーボーイ

江戸城、桜田門外で大老の井伊《いい》直弼《なおすけ》が水戸藩士に暗殺された「桜田門外の変」。その後の幕府の衰退を決定づけた、幕末期の一大転換期として知られる事件である。

この桜田門外の変で暗殺されたことから、不幸なイメージがつきまとう井伊直弼だが、実は彼は江戸時代を通じて最強ともいえる強運の持ち主でもあった。

井伊直弼は、第十一代彦根藩主・井伊直中《なおなか》の十四男として生まれた。彦根井伊家といえば、戦国時代に徳川家康の片腕として活躍した井伊直政から続く名門の一族であり、江戸時代に5人の大老職を排出している。

しかし、いくら名門の家に生まれようと直弼は十四男。

当時は長兄が家督を継ぎ、他の子供は他家に養子に行くのが通例であり、井伊家もその例に

大老を務めた彦根藩主・井伊直弼

漏れず、父・直中の後は三男の直亮が継ぎ、その他の兄弟たちは養子に出されるなどして片付けられた。しかし、さすがに十四男ともなると養子の貰い手を探すのも容易ではない。結局、引受先が見つからなかった直弼は、実家から小さな屋敷を与えられ、300俵の捨て扶持で趣味の茶道などをして暮らすしかなかった。そのまま何事もなければ、仏門に入り、僧侶になっていた可能性が高かったともいわれる。

だが、そんな日陰者にも転機が訪れる。直亮に子がいなかったために後継者となっていた十一男の直元が急死。その直元にも子がいなかったため、跡継ぎとして直弼に白羽の矢が立ったのである。その時、直弼は涙を流して喜んだと言われているが、彼の苦労はまだまだ続く。兄の直亮は直弼を嫌っていたため、かなりのイジメにあったのだ。

藩主の後継者は、時に藩主の代理として公の場に出ることもある。直弼も兄の代理として出かけたが、その時、服を新調してくれないばかりか、必要な資金ももらえない。仕方なく江戸城内で行われるセレモニーを仮病で欠席したこともあった。

しかし、そんな直亮も嘉永3（1850）年に亡くなる。これで晴れて直弼は彦根35万石の藩主となった。さらに安政5（1858）年には、幕政のトップである大老に就任する。あてがわれた屋敷で肩身が狭く暮らしていた頃を思えば、直弼にとっては考えられないような現実であっただろう。

●将軍継嗣問題で発言力が大きかった大奥

井伊直弼が権力を手中に収めることができたのは、将軍継嗣問題に勝利したことが大きい。

十三代将軍・家定は病弱であった。そのため、家定が将軍に就任すると、すぐに後継者問題が浮上した。次期将軍の候補と目されたのは、紀州藩主・徳川慶福《よしとみ》と御三卿のひとつである一橋徳川家の一橋慶喜。結局は、紀州藩の徳川慶福、のちの家茂《いえもち》が十四代将軍になるのだが、その決定には大奥の意向が大きく反映されていた。

一橋慶喜を擁立する一橋派の陣容は、実父の徳川斉昭や福井藩主の松平慶永、薩摩藩主の島津斉彬など。彼らの配下であった西郷隆盛や橋本左内らが暗躍した。

一方の慶福を支持したのは、彦根藩主・井伊直弼を中心とした南紀派。その陣容には、保守派の譜代大名に加え、将軍・家定の生母である本寿院ら大奥の勢力がいた。

なぜ大奥は慶福を支持したのか。それは大奥の中で慶喜が敬遠されていたからである。正確に言えば、慶喜ではなく実父の斉昭がとにかく嫌われていた。

井伊直弼ら南紀派が推した十四代将軍・家茂

その理由が、斉昭の〝好色〟である。斉昭は大奥の美女に目がくらんで密通し妊娠させるという前科があった。そこから大奥では「一橋様が将軍になれば、大奥の人間はすべて犯されてしまう」といったウワサが流れる。また、斉昭は将軍・家定のことをあからさまに無能だと言い触らしていた。息子をバカにされた本寿院は「もし一橋様が将軍になれば自害する」と公言する。さらに、候補者の慶喜も生真面目な人物との評判であったことから「大奥の経費を削減するに違いない」として大奥に嫌がられた。
大奥の意向は、将軍の耳に直接入るため、非常に強い影響力を持つ。将軍・家定も母の意見は尊重しなければならなかっただろうし、なにより、自分を〝無能〟と呼ぶ男の息子をわざわざ跡継ぎにしようと思うはずもない。一橋派は大奥での評判が悪いことを知っていたようで、島津斉彬の養女である篤姫を家定のもとに嫁がせるが、形勢逆転とまではいかなかった。

結局、十四代将軍には南紀派の推す家茂が選ばれた。

南紀派の勝利の決定打になったのは、一橋派の老中・阿部正弘が亡くなり、南紀派の井伊直弼が大老に就任したことであったが、一橋派の大奥での評判の悪さを考えると、南紀派の勝利は必然であったように思われる。大奥という強力な後ろ盾を得た南紀派と、それを押さえられず自滅した一橋派。直弼の強運がここでも発揮されていたのかもしれない。

●生きていることにされた井伊直弼

一橋派との後継者争いに勝利し、幕府の実質的な最高権力者に上り詰めた井伊直弼だったが、その命運も尽きるときがくる。

安政7年3月3日（1860年3月24日）、江戸城の桜田門外で関鉄之介、斎藤監物《けんもつ》ら水戸藩脱藩浪士17名と薩摩藩士の有村次左衛門が彦根藩の行列を襲撃、直弼は殺害される。享年46歳であった。

直弼の首はその場で切り落とされ、有村次左衛門が持って逃走する。しかし、有村自身も

幕末から明治にかけて活躍した月岡芳年が描いた「桜田門外の変」

深い手傷を負っていたため、遠藤但馬守《たじまのかみ》邸の前まで行ったところで力尽きてしまう。そこが限界と判断したのか、有村は首級を門番に託すと「大切に保管してくれ」と頼んで、命を絶ってしまった。とんでもないものを引き受けるハメになった但馬守だったが、その日の夜には彦根藩士が首を引き取りにきている。

ただし、その時、彦根藩士は首級を藩主・井伊直弼のものとしては受け取ってはいない。表向きは桜田門外で即死した家臣のものとして処理している。

なぜそんなことをしたのか。そこにはれっきとした理由があった。

江戸時代には、「士道不覚悟」といって、私闘などの時に武士としてあるまじき行動をとると、領地の没収など重い処分が下った。士道不覚悟の範囲は広く、「私闘で刀を抜かずに死んだ」、「逃げて背中を斬られた」、「主君を守れなかった」といった場合も士道不覚悟とされた。主君の首級まで奪われていた彦根藩としては、その死の真相は絶対に隠さねばならないことだったのだ。

彦根藩はその後、幕府に「桜田門外で20名程度の狼藉者が現れ、防戦した結果、狼藉者たちはことごとく逃げさった」と報告。直弼は陣頭指揮に立ち、奮戦したことにしてしまった。

誰もがこの話はウソであるとわかっていたが、幕府も見て見ぬふりをした。

もし、定めの通りに彦根藩を取り潰せば、城を背に徹底抗戦をする彦根藩士がでてくる可能性もある。それに直弼は彦根藩主であるとともに、幕府の実質的なトップの大老である。その大老が殺されたとなれば、彦根藩だけでなく、幕府の首脳陣も責任をとらねばならない。結局は「なかったこと」にするのが好都合であった。

ちなみに、井伊直弼が殺害された直後、同じ場所を紀州藩の行列が通っているが、死体が転がる凄惨な現場を目にしても、行列は一切止まらず進んだ。紀州藩からすれば、やっかいごとに巻き込まれたくなかったのだろう。

安政7年3月30日、幕府は病気を理由に、生きていることになっている井伊直弼の大老職を解いた。直弼の死が正式に発表されたのは、それからさらに1ヶ月後の閏3月30日。井伊家が「養生したものの死去した」と発表している。

14 【最高機密のはずが情報がダダ漏れに…】黒船来航は周知の事実だった？

●みんなが知っていた黒船来航

嘉永6年6月（1853年7月）、ペリー提督が率いる4隻の艦隊が浦賀に来航。長い鎖国状態であった江戸幕府に開国を迫った。ここから、新たな時代が幕をあけることになる。

この黒船来航は、幕府首脳陣をおおいに慌てさせたが、実はペリー艦隊は突然やってきたわけではない。しっかりと事前に出島のオランダ商館長であったドンケル・クルチウスを通して長崎奉行へ伝わっており、老中・阿部正弘も知っていたことであった。

さらに言えば、黒船来航は幕府首脳陣や一部の関係者だけが知る機密情報というわけでもなかった。いや、もっと正確に言えば、本来は最高機密であったのだが、すぐに世の中に知れ渡ることになってしまった。

漏れ伝わってきた黒船来航の情報に、藩単位で対策を練ったのが薩摩藩だ。情報が入ると

黒船来航を予告したクルチウス

すぐに藩主・島津斉彬は長崎で調査を開始。「アメリカ艦隊が江戸近海にやってくる。目的は通商要求。日本が許可しなければ戦争になる可能性もある。蒸気船の石炭貯蔵所を欲しがっている」と、かなり正確な情報を得ることに成功している。

さらに、宇和島藩主・伊達宗城《むねなり》も黒船来航情報を掴んでいた。越前福井藩藩主・松平慶永に向けた書状の中で、機密情報であるとして、「アメリカが軍艦4隻を仕立てて来航するのは、通商目的である。今回は強硬に要求することも考えられる」と語っている。

これら雄藩の首脳だけでなく、長州藩士である吉田松陰も黒船がくる1年前には、「アメリカが通商目的で来航する」ことがわかっていた記録が残っている。

確かに松陰は、当時の武士の中でも知識人であり、世の中の情勢に敏感であったはずだが、彼は長州藩の中ですら権力の中枢にいたような人物ではない。その松陰でも知っていたならば、長州藩に限らず、他の藩の人間でもその情報を知っていた可能性が高いだろう。

これだけの機密情報が簡単に漏れてしまったことも問題だが、さらに幕府は実際に黒船が

黒船の来航（リトグラフ）

来るまでに何の対策もとることができなかった。250年の平和な世を送った江戸幕府は、外国からの強硬な対応をうまく処理できないほど弱っていたのだ。

●庶民は大興奮

黒船来航で、江戸庶民が動揺し、家財道具を慌ててまとめているイメージを持っている方も多いと思われるが、これは完全な事実ではない。

たしかに黒船からの艦砲射撃の可能性も否定できなかったため、町火消が待機するなどの処置はとられたが、多くの庶民はもの珍しい〝黒船〟に興味津々であった。

最初は江戸の人々も動揺したものの、ペリー艦隊が砲撃をする気配がないと悟ると、港まで出かけて見物をはじめる。なかには、小船で黒船に接近して、接触を試みる者まで現れた。

嘉永7（1854）年に再びペリー艦隊がやってくると、同じように浦賀は見物客で溢れかえり、一大観光地へと変貌した。あまりに騒動が大きくなってしまったため、この時には幕府から異国船見物禁止令が出されている。

そんな中、長州藩士・吉田松陰は伊豆下田港に停泊中であったポーハタン号へ赴き、密航を願い出る。密航の目的は、松陰がアメリカ側に手渡した手紙に書かれている。

その手紙の内容は、

「自分たちは、武器の使用に熟練せず、兵法、軍律を議論することもできない。様々な書物を読み、噂により欧米の習慣と教育とを多少知っており、長年の間、五大陸を周遊したいと望んでいたが、外国との交流を禁ずる法律のためこのような希望は叶えられていない。幸いにも、貴下の艦隊が来航し、長期間滞在しているので、ぜひ連れて行って頂きたい」

という趣旨のものであった。

しかし、ペリーは、

「自分は日本人を合衆国に連れて行きたいと切に思うが、迎えることができないのは残念である」

としてそれを拒絶した。幕府側はこれまで多くの譲歩をして、ペリーと日米和親条約を結ん

『合衆国水師提督口上書』に描かれたペリー（中央）

でいる。ペリーはそれを踏まえて、日本の国内法を破り、松蔭をアメリカに連れて帰ることは幕府に対して非礼なことだと感じたようだ。

●具体的すぎる奇抜な意見

黒船来航で、幕府が対応策をまったく立てられなかったため、庶民に意見を聞いたことは有名である。これまでの江戸幕府に限らず、日本の歴史上でも庶民から自由に意見を集めるなど異例中の異例であった。

そんな中、遊女屋の藤吉という者は、とんでもないアイディアを提出している。

まず、藤吉は1000隻の船を借りたいと申し出る。この船には漁師が乗り込み漁をする。そこに黒船が近づいても、普段通りに漁を続けるばかりか、親切に礼をして、

「日本に来られても、御台場内にはお役人がいて、色々と手続きが面倒ですよ。我々にまかせて下さい」

と声をかけて、鶏や水、会津塗りの杯など、アメリカ人が好きそうなものを差し出して、さらに仲良くなる。

そうすると黒船側も油断するので、お土産を持って黒船に乗り込み、酒宴をはじめる。やがて、適当な時にアメリカ人とケンカをはじめ、火薬置き場に火をつける。さらに、鮪包丁で、次々と切り捨てる。火薬に火をつけるので、作戦に参加した日本人の多くも焼け死ぬ可能性が高いが、「もとよりお国に殉ずる覚悟はできている」とこの作戦に胸を張った。

この「覚悟はできている」という言葉はなにも大げさな表現ではない。

献策は町奉行を通して行うのが一般的だったが、藤吉はそれでは自身の案を取り上げてもらえないと判断。若年寄の遠藤但馬守《たじまのかみ》が登城する途中で直訴している。遠藤は籠の中から声をかけて受け取ったが、その場で斬り捨てられてもおかしくない状況である。彼が冗談ではなく、どれだけ真剣にこの作戦を考え、黒船退治を実行しようとしていたかがわかるだろう。

第三章 意外と進んでいた江戸時代

15 江戸は世界有数の学術都市だった？

【訪れた西洋人たちも驚嘆した江戸の教育】

●ニュートンにも負けない天才数学者

江戸時代の日本は、学問や科学技術の分野で、西洋諸国に大きく遅れをとっていたとされることが多い。たしかに当時はまだ産業革命もなく、蒸気船などを作る技術もなかった。しかし、だからと言って江戸時代の日本がすべての分野で劣っていたわけではない。なかには西洋人を驚かせるほど進んでいた分野もあったのだ。

その代表的なものが、数学である。

江戸時代の日本では、西洋の数学とは異なる「和算」と呼ばれる独自の数学が発達していた。この分野からは、関孝和という偉大な天才数学者を輩出している。

１６４０年頃に幕臣の子として生まれた関は、幼い頃から優れた数学の才能を発揮。甲府藩主の徳川綱重に勘定吟味役として仕え、綱重が六代将軍・家宣になると、江戸に上り、御納戸組頭となった。

彼の業績を列挙していくと、

・数字係数方程式の解放（ホーナー法）の考案
・方程式の判別式と定数の解の存在条件
・ニュートンの近似解法
・極大極小論、連立多元高次式の計算法
・不定方程式の解
・行列式の発見
・関・ベルヌーイの公式の発見
・円理（円に関する計算）
・関・ニュートンの補間公式
・球の体積
・パップス・ギュルダンの定理

……と、見事なまでに難解な専門用語が並ぶ。これのどこが凄いのか、いまいち伝わらな

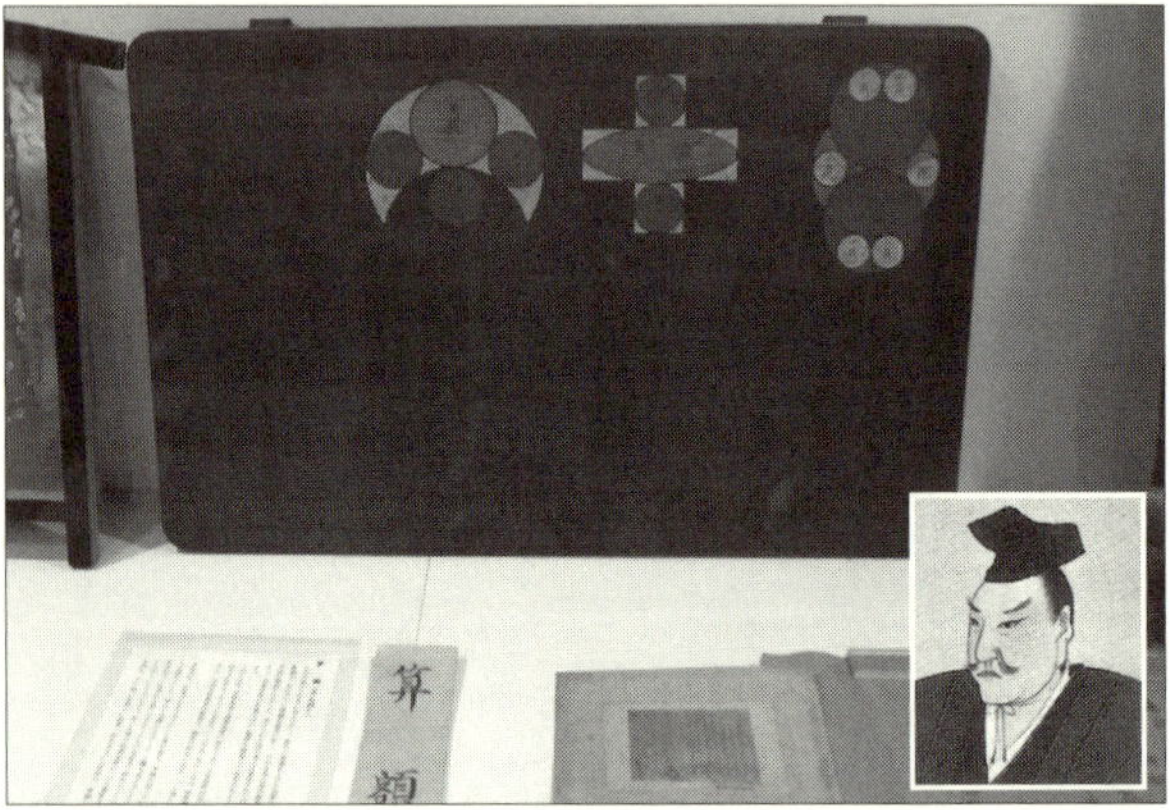

東京都渋谷区・金王八幡宮所蔵の算額と関孝和（右下）

い方には、同時代のイギリスの天才科学者、アイザック・ニュートンに勝るとも劣らない実績といえばその凄さがわかるだろうか。

関がさらに凄かったのは、研究が本業ではなかったことだ。ケンブリッジ大学という研究施設を与えられていたニュートンとは違い、関の本業はあくまで公務員で、数学の研究は仕事の合間に行うものだった。まさに天才的な数学者である。

江戸時代の日本では、数学はまだ学問としてそれほど高い評価を受けていなかったが、その面白さに目覚める者は多く、俳句や囲碁などと同様、ひとつの趣味として親しまれていた。当時の趣味人たちは「算額」と呼ばれる絵馬のようなものに問題と解答を書いて、寺社に奉納。それを別の数学好きが見て、刺激を与え合っていたという。現在でも全国に数百の「算額」が残っているが、その中には大学の数学科出身者でも容易に解けないような高度な問題も存在する。

紙と筆さえあれば楽しめる数学は、都市部だけでなく、農村部や漁村部でも、娯楽として人気があり、数学に夢中になりすぎて、家業を破産させた者がいたという記録も残っている。学生時代に、「どうしても数学が嫌だった」との思い出を持っている方からすれば、信じられない話だろう。

●飛行機実験がとん挫

「和算」と同じように、西洋文明とはまったく違う、独自の進化を遂げたものに「からくり」がある。海外から機械時計がもたらされると、その技術を日本独自のものにアレンジ、様々な分野に応用した。なかでもよく知られているのが、「茶運び人形」だ。これは茶台を持つ日本人形で、茶台に湯呑茶碗を置くと進み、茶碗を取ると止まるというもの。「江戸時代版ロボット」と言えるだろう。

「からくり」でもっとも大きな業績を残したのは、「からくり半蔵」こと細川半蔵だ。

1741年頃に土佐の下級武士の家に生まれた半蔵は、京都で天文学を学び、万歩計のようなものを製作。その後も、多くの「からくり」を製作するが、彼はその製作方法を惜しげもなく『機巧図彙《きこうずい》』という書物に残している。

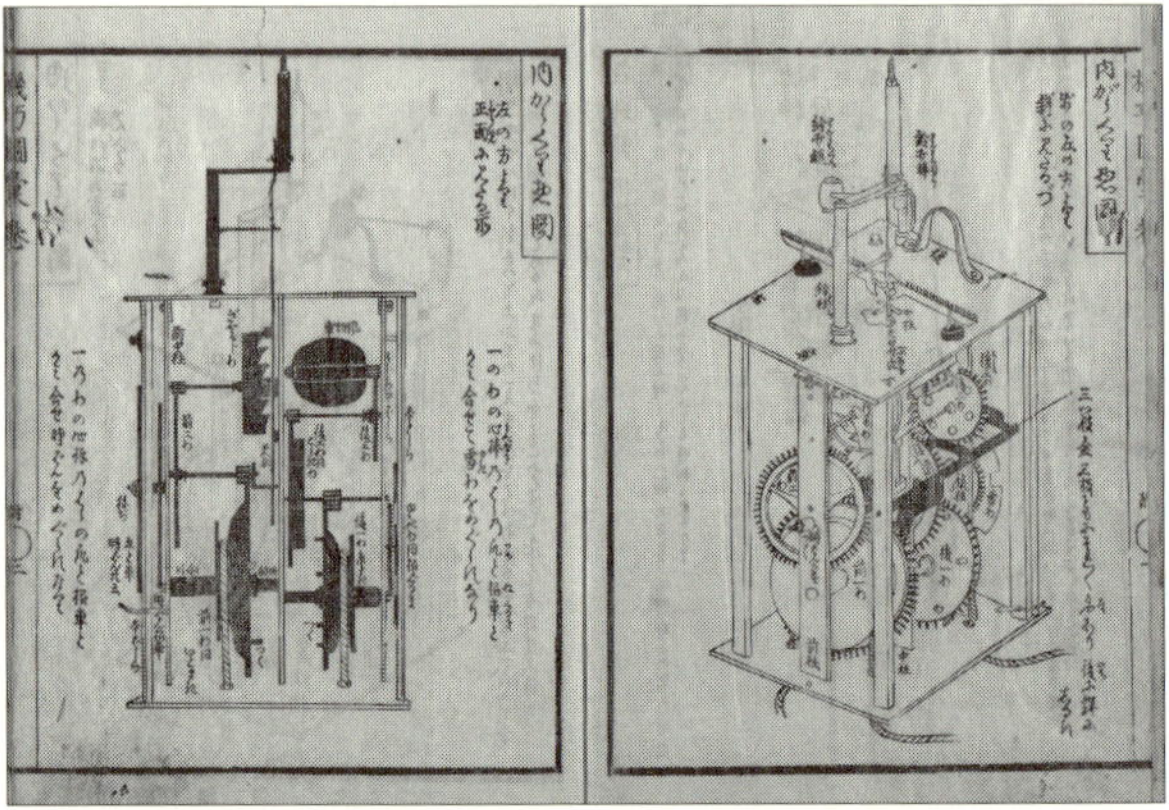

細川半蔵の『機巧図彙』。からくりの構造を詳細に解説している。

当時、「からくり」が専門家たちの秘伝となっていた中で半蔵の行動は非常に珍しいことであった。公開した理由を半蔵は、「多くのものを見て、記憶することで知識と経験が積み重なり、そこから新しいものが生まれる」と語っている。今後の技術の発展を願っての文書化であり、彼の懐の大きさに驚かされる。

おなじく「からくり」の世界で活躍した者に、「からくり伊賀七」こと飯塚伊賀七《いいづかいがしち》がいる。飯塚伊賀七は、常陸国筑波郡（現、茨城県つくば市）で名主をつとめながら、「からくり」に熱中。新しい技術を思いつくと夜中でも飛び起きて、製作に没頭したという。そんな伊賀七だが、特筆すべきは「人力飛行機」をも開発したという伝説が残っていることだ。

伊賀七は、筑波山から飛行実験を行うために、

伊賀七のからくり時計（復元品）。朝夕に鐘と太鼓で時間を知らせ、同時に家の門を開け閉めしたと伝えられる（つくば市立谷田部郷土資料館蔵）

藩に「飛行願」を提出。しかし「人身を惑わすもの」「殿様の上を飛ぶなど許可できない」と却下されてしまったという。この飛行実験の話は伝説の域を出ないが、実際に伊賀七の家で飛行機の翼のようなものを見たという記録が残っている。

伊賀七が生きたのは、18世紀後半から19世紀初頭。ライト兄弟が人類史上初めて飛行実験を成功させたのは、伊賀七の死後、約70年後のことだった。もし、藩から許しを得て飛行実験を成功させていたならば、人類史上初の快挙は江戸時代の日本人のものだったかもしれない。

●海外からも評価された庶民の学力

これまで紹介してきたのは、いずれも歴史的な偉人だが、江戸時代の庶民の学力自体も決して低くはなかった。農民でも「読み書き計算」ができる者は多かった。

毎年、年貢を納める必要があった農民には、そもそも計算能力は必須。多く払ってしまえば自分が損をしてしまうし、少なく納めれば罰せられる。とくに幕府の直轄地である天領では、幕府の方針で年貢の納め先がころころ変わるので、お触書を読む能力は必要だった。

江戸時代はまた、何を買うにも基本的には「計り売り」であったため、生活していくにも計算力は必要であった。商売を行う町人は九九だけでなく、一桁の割り算も寺子屋で習い、暗記しているのが一般的であった。

そんな庶民の学力を、幕末に訪れた外国人は絶賛している。日米和親条約を締結したペリーは、浦賀近辺を調査した結果、「教育はいたるところに普及している」と記録を残している。英国の初代駐日公使であるオールコックは、「日本では教育がよくいきわたっている」とし、箱館でロシア正教の布教を行っていたニコライは、「この国の教育は高度なものではない」としながらも、「その代わり、国民の全階層にほとんどむらなく教育が行われている」と舌を巻いている。

明治期に入り、貪欲に西洋文明を吸収して、驚くべきスピードで近代化へ進んだ日本だが、その下地は、この庶民の基礎学力がしっかりしていたことが大きかったともいえるだろう。

16 【将軍・吉宗がはじめた貧者のための医療機関】診察料無料の公立病院があった？

●誰でも簡単に医者になれた

日本人の平均寿命は、世界でも突出して高い。２０１５年のＷＨＯの統計によると、男性の平均寿命は80・5歳で世界6位。女性は86・8歳で堂々の世界1位である。

しかし、歴史的にみれば日本人がこれほど長寿になったのは比較的最近のことである。戦後になり、栄養状態や衛生環境、医療事情が改善されるまで平均寿命は決して高くはなかった。実際、江戸時代の平均寿命は男女ともに28歳程度。生まれても3人に1人しか成人できなかったため、大きく平均を下げてしまっていたのだ。

若年層の死亡率が高かったことからもわかるように、江戸時代の医療事情は決して良くはなかった。江戸市中には漢方医が2万人、蘭学医が５０００人いたと言われており、この数字だけを見れば、決して医者不足だとは思われないかもしれないが、当時は医師免許などはなく、専門書を2、3冊読めば、誰でも医者の看板を立てることができる状況であった。そんなにわか医者では、治療にどの程度役に立つかは怪しいところ。藪医者も非常に多かったという。

そこで江戸の庶民は病気になっても医者にいかず、自分で薬を買って治療するという者が多かった。が、この薬代が非常に高額。「病気が治っても、生活できなくなる」なんてことが、冗談でなく起こっていた。裕福でない者が病気になれば、最終的には〝神頼み〟となってしまうことも少なくなかった。

そんな状況を改善するために、幕府はある試みを始める。貧しい者のための無料の公立病院、「小石川養生所」の運営である。小石川養生所は現代から見ても画期的な施設で、食事や寝間着などを患者に無料で支給した。小石川に住む小川笙船《しょうせん》という者が町奉行に提出した構想をもとに、南町奉行の大岡忠相と八代将軍・吉宗の肝いりで始まった。

●人体実験のウワサが流れた小石川養生所

貧者救済のために設立された小石川養生所だったが、その運営は問題含みだった。まず、開設当初は入所希望者がほとんど集まらなかった。これは「入所すると、薬草の人体実験にされる」というウワサが流れたことが影響している。

これまで医者に診察を受けたり、薬を買うことは、金銭的に大きな負担のかかることであっ

東京都文京区の小石川植物園内に残る「小石川養生所の井戸」

た。それが突然、無料だというのだ。「そんなうまい話があるわけがない」と庶民が警戒する気持ちもわからなくはない。

善意からはじまった施策なのに、これでは意味がない。幕府は庶民の不安を払拭しようと「小石川養生所見学ツアー」を実施して人体実験のウワサを否定、お金がかからないということを改めて説明した。この幕府の積極的な働きかけにより、小石川養生所の入所者は徐々に増えていった。

しかし、その後も問題は起こる。養生所の風紀の悪化である。

所内では、素行の悪い患者が増え、夜な夜な酒盛りをして博打が行われていた。そのうち、世話人たちが入所者に高利で金を貸すようになった。養生所内での博打や金貸しはもちろん禁じられていたが、ほとんど守られることはなかったという。

こうした風紀の乱れは環境の乱れにつながる。所内はノミやシラミが飛び跳ねるような不衛生な環境で、現在であれば即刻、診療停止になるような状況であったようだ。

そんな状況にあっても、小石川養生所勤務を希望する医師は多かった。小石川養生所に勤めると、幕府から手当がもらえ、勤務医の中には江戸城詰めの医師に取り立てられる者もいた。養生所は、医者にとってエリートコースの入り口になっていたのだ。

養生所には正規の医師以外に見習い医師もいた。ここで経験を積んだ見習いたちは、それを生かして一人前の医師へ成長していった。問題も多かった小石川養生所だが、医師教育という観点から見れば、一定の成果を挙げたといえるだろう。

●オランダ語が苦手だった杉田玄白

江戸時代の医学界でもっとも有名な存在といえば杉田玄白だろう。人体解剖を行い、オランダ語の解剖書『ターヘル・アナトミア』を『解体新書』として翻訳、当時の医学の進歩に大きな影響を及ぼした人物である。

しかし、実は杉田玄白はオランダ語が大の苦手であった。

翻訳事業をはじめる数年前のこと。オランダ語を学ぼうと考えていた玄白は、ともに『ターヘル・アナトミア』の翻訳をすることになる前野良沢とともに、江戸を訪れていた長崎オランダ商館の通訳を訪ねる。そこで杉田は、「どうしたら、オランダ語を覚えることができるのか」と質問。通訳からは「江戸にいては無理だ。長崎にきて勉強しろ」とアドバイスされるが、これを聞いた玄白は、面倒くさいと感じたようでオランダ語の勉強を放棄した。

そんな玄白は、『ターヘル・アナトミア』の翻訳事業では、出版のための根回しなど後方支援に回っていた。唯一、序文の翻訳だけを担当したが、これは誤訳ばかり。それもそのはず、玄白はアルファベットを理解しているかどうかも怪しいレベルであった。

翻訳は前野良沢が中心に行ったようだが、彼も７００語程度の単語を理解していただけであった。この翻訳事業がどれほど困難であったか、想像にかたくない。

ちなみに、杉田玄白が日本で最初に人体解剖を行ったと思っている方もいるかもしれないが、これは間違い。玄白らが人体解剖を小塚原刑場で行ったのは１７７１年だが、１７５４年には、漢方医の山脇東洋が京都所司代の許可を得て、男性刑死体の人体解剖を行っている。さらに、１７７０年に下総古河藩の藩医である河口信任《しんにん》も人体解剖を実施。この時に使用された小刀は現存する日本最古の解剖刀として、茨城県古河市の古河歴史博物館で保存されている。

西洋からの新しい知識を吸収し、試行錯誤を繰り返しながら医学の発展に力を尽くした江戸時代の医師たち。現在の我々が高度な医療を受けられるのも、江戸時代の有名無名の医師らの働きがあったからだといえるだろう。

17 江戸時代に高値で売れた意外なモノ

【水洗式から汲み取り式に逆進化？】

●江戸時代は糞尿がお金になった

郷土愛がとりわけ強かった江戸っ子。そのお国自慢を表した啖呵に「神田の水で産湯をつかい……」というものがある。

ここで言う「神田の水」とは、神田上水のこと。江戸はきわめて進んだ水道インフラを持つ町で、17世紀中頃には江戸の上水道は総距離170キロにもなっていた。これほどの水道設備を持つ町は、当時、世界のどこにもなかった。江戸っ子の啖呵は、そんな江戸の町を自慢してのものである。

では、さぞかし〝トイレ〟も進んでいたのか、というと決してそうではなく、むしろ時代に逆行していた趣がある。なぜなら、この時代のトイレは水洗便所から、汲み取り式へと逆に進化を遂げているからだ。

再現された江戸時代の町家のトイレ（東京・深川江戸資料館）

古代から日本では、水洗便所が主流であった。もちろん、下水道が完全に整備されていたわけではないので、自然の河川を利用したものである。トイレは〝厠屋《かわや》〟と呼ばれていたが、それは〝川屋〟に由来するという説もある。

現在の感覚から考えれば、汲み取り式便所より、水洗便所の方が進んでいると解釈するのが普通だが、江戸時代にはどうしても汲み取り式にしなければいけない事情があった。なぜなら肥料として糞尿を使うためである。

江戸時代になると、人の糞尿が農作物の良質な肥料になることがわかってきた。化学肥料がなかった当時、糞尿は非常に貴重で、そのまま水に流すなどもったいなくてできなくなったのだ。

そんな貴重品の糞尿は、有料で取引されていた。一般的な長屋では、共同便所を屋外に作っていた。長屋で暮らすすべての人たちの糞尿の権利は大家が持ち、近隣の農家と年間3両（約30万円）ほどで契約。支払いは前金で、農家は大家のご機嫌をとるために、汲み取りのたびに野菜などの心づけを届けた。糞尿代は大家の総収入の3割ほどを占める重要な収入源になっていた。

江戸の糞尿は現在の足立区や葛飾区、埼玉県南部などの農村が船を利用して汲み取りにきていた。だが、近隣の農村で激しい奪い合いが起きたことで、江戸市中の糞尿が枯渇。需要に供給が追いつかなくなり、糞尿代が高騰する。

これに悲鳴を上げた近隣農民は、値下げ運動を起こした。最初に起きたのは寛政元（1789）年で、武蔵・下総の農村が「糞尿代が3～4倍になって高騰している。価格を下げるお触れを出してくれ」と幕府へ請願した。しかし、町奉行は「それは幕府が口を出す問題ではない」と相手にしない。そこで農村側は「交渉に応じないと、30日間汲み取りにいかないぞ」と〝糞尿ストライキ〟をちらつかせた。それでは困ってしまうと、結局、多くの長屋が値下げ交渉に応じたようだ。

ちなみに『南総里見八犬伝』の著者である滝沢馬琴も、糞尿代をめぐって農家と揉めたひとり。馬琴が63歳の時、一軒家に住んでいた彼は近隣の農家に糞尿を買い取らせることにした。馬琴の家族は妻と娘、息子夫婦に孫2人。契約は人数に応じてすることになったが、馬琴が孫2人で大人1人分だと主張すると、農家は「子供は何人いても人数にカウントしない」と抵抗。

結局、馬琴が大根300本を受け取ることでその場は収まった。しかし、やはり納得できなかった馬琴は、翌年にこの農家との契約を解除。条件のいい別の農家に汲み取りをさせるようになった。

江戸市中でもっとも多くの糞尿が出たのは江戸城であった。

江戸城の糞尿は下総葛西の農家が一手に引き受けていた。糞尿を得た心づけとして、タクアンを差し入れるのが恒例であり、大奥の食卓にはこのタクアンが並んだ。

糞尿には、品質に応じた格付けもあった。

もっともランクが高いのが大名屋敷から出た糞尿で、尾張徳川家の屋敷は多摩郡中野の名主、彦根藩井伊家の屋敷のものは世田谷村の名主がそれぞれ担当。当初はこのように権利を独占した農家もあったが、やがて各藩の財政が逼迫してくると、大名屋敷では入札制を導入。もっとも高い値段をつけた農家へ販売するようになった。

ランク的には続いて、吉原の糞尿が中級クラス。その下が一般庶民の長屋。小伝馬町の牢屋敷が最安値で下級となっていた。格付けのポイントはもちろん糞尿の主《あるじ》の食生活である。

●移動式トイレを使用した大名

江戸時代、移動式トイレを考えた大名がいた。

徳川御三家のひとつである尾張藩の二代目藩主・徳川光友は家来に担がせて移動式トイレを持ち歩いていた。

光友は、外出先で便意をもよおすと、自ら移動式トイレを設置する場所を指示する。この移動式トイレは折りたたみ式で、広げると便をする時に周囲から見えないようになっている。また屋根もあったため、雨の日でも使用することができた。

設置場所は、〝人から遠いところ〟であり、使用後は自ら土や石で糞便を隠したとのこと。しっかりとマナーがあるお殿様であったようだ。

ところで、なぜ、彼はこの移動式トイレを持ち歩いていたのか。

武芸、茶道、書など多才な能力を発揮したという光友であったが、どうやら彼は、他人の家のトイレを使いたくないというタイプの人間であったらしい。

江戸時代に逆進化を遂げた汲み取り式のトイレ。出た糞尿を農家が肥料にするというそのエコロジーな処理法は明治になっても続いた。しかし、大正になって安価な化学肥料が大量に生産されるようになると、糞尿の価値は下落し、出す側が料金を払って回収してもらうようになる。そして戦後、都市に人口が集中し、下水道や浄化槽の整備が進むと汲み取り式トイレはその役割を静かに終え、水洗式トイレの時代が到来した。

現在では、日本のほぼすべての住宅に水洗式トイレが普及している。

18 いまより進んだ江戸の循環型社会

【生ゴミ、鉄くず……リサイクル業が大充実】

●エコな仕事が大活躍

ペットボトルや空き缶の回収など、現代の日本では限られた資源を有効活用するために、様々なリサイクル運動が行われている。環境問題に対する意識も高まっており、企業だけでなく、一般家庭でもエコな視点を持つことが重要視されるようになってきた。

そんな私たちのお手本になるのが、江戸時代の暮らしである。

江戸時代は糞尿のリサイクルが進んでいたことも述べたが、それはあくまで一例。江戸時代の日本は、生活のあらゆる場面にリサイクルの精神が行き届いていた、きわめて高度な循環型社会だったのである。

たとえば、生活の中で生じる生ゴミは、一度、共同のゴミ捨て場に集められた後、専門の業者が収集して、地方の農村に肥料として卸していた。かまどや七輪、火鉢から出た灰も立派な

江戸時代の銅物屋。その店先でゴザを広げて商売しているのが、「古銅買い（ふるかねかい）」。銅や鉄くずを買い取っていた。（『江戸名所図会』）

商品で、「灰買い」とよばれる業者が集めて同じく農家に売っていた。

紙のリサイクルも充実している。「紙くず買い」という業者がおり、古紙を収集。集めた古紙から再生紙を作り、トイレで使用する紙や鼻紙などを製造した。同じように鉄くずや蝋燭の燃え残りを集め、再生して、商品化するシステムもできあがっていた。

物品の修理業者も充実していた。「ほうき売り」は、壊れたほうきを買い取って使えるほうきに再生。「焼き継ぎ屋」は、白玉粉を使って日用品の陶器を焼き継ぎしていた。江戸の庶民は正月に箱入りの扇子を配っていたが、あまったものを「払扇箱買い」が買い集め、翌年の正月用に売っていた。

江戸時代は現代と違って環境問題とは無縁な

時代。そんな時代にこれほどエコな商売が広がっていたということは、江戸の人々が「ものを大切にする」という精神を持っていたことの表れだろう。

●耳かきエステは江戸時代にもあった

一時期、男性の癒しのスポットとして、「耳かきエステ」が話題になった。それをまったく新しい商売の形態と思われている方が多いと思われるが、実は、江戸時代にも、「耳かきエステ」は存在していた。

江戸時代前期には、「耳垢取り」と呼ばれる商売が流行り、耳垢取りが唐人やオランダ人のような格好をして街を歩き、客を探していた。

ちなみに、江戸時代は若い女性が耳かきをしてくれるというわけではなく、担当するのは、男性であった。

他にも江戸時代には、「癒しの仕事」が繁盛していた。

「足力《そくりき》」は、両手に杖を持って、足で客の背中を踏んで体のコリを取るマッサージ師である。「虫

江戸前期に流行した耳垢取り

売り」は、秋の虫を売る商売で、コオロギやホタルなどを虫カゴに入れて売っていた。庶民は、「虫売り」から秋の虫を買って、その鳴き声を楽しんでいた。

「曲屁《きょくべ》」という職業も変わっている。三味線や小唄にあわせてオナラをする曲芸師である。祇園囃子や犬の鳴き声などのレパートリーがあった。江戸時代であろうとも、日々の生活の中で、癒しを求めたい人々は多く、関連する仕事には需要があったのだ。

●変わった仕事をする役人たち

変わった職業もあったように、変わった仕事をする役人も江戸時代には存在した。

「公人朝夕人《くにんちょうじゃくにん》」と呼ばれる役職は、常に将軍に付き添い、尿筒《しとづつ》と呼ばれる尿瓶を持ち歩いた。将軍が外出先などで用を足したい時は、すぐに呼びつけられ、尿筒を差し出すことが仕事である。世襲であり、しっかりとした士分扱い。苗字帯刀も許されていた。

将軍の食事時には御膳番と呼ばれる役職が登場する。

彼らのもっとも大事な仕事は、最初にお椀に盛ったご飯の量と、食事後に残ったご飯の量を計測することである。その結果はすぐに奥医師に報告され、将軍の健康状態が逐一、チェックされていた。ご飯の食べる量に変化があれば、すぐに騒動になってしまうため、将軍はさぞかし窮屈な思いで食事をしていたことだろう。

将軍家の狩猟地だった駒場野（現、東京大学教養学部周辺）。八代将軍・吉宗は 15 回近くも同地を訪れたという。（『江戸名所図会』）

また、徳川家康が鷹狩りを好んでいたため、江戸幕府には鷹狩り関連の専門職が多い。鷹狩りは「生類憐みの令」の五代将軍・綱吉の時代に段階的に禁止されたことで一時期衰退したが、その後、八代将軍・吉宗の時に復活。それから多くの将軍が鷹狩りを楽しんだため、常に40名程度が関わっていたとされる。その内訳を見ると、鷹狩り全般を統括する鷹匠頭《たかじょうがしら》に始まり、徳川家専用の狩り場を管理する鳥見番、さらに鷹狩りのときに解き放つ猟犬の飼育を担当する犬牽頭《いぬひきかしら》もいた。

鷹狩りに関係する職種は、不正が多かったようだ。鷹が言葉をしゃべれないことをいいことに「お鷹様のご機嫌が悪い。上様がこのことを知ったら……」などと恫喝することが常套手段であったという。

諸藩にも、珍しい役職があった。

福岡藩では、捨て子が社会問題になったことがあった。そこで藩は、養育目付という役職を設置。彼らは産婆などの協力を得て、妊娠中の女性を監視。出産後にしっかりと子育てを行っているかを見張った。

丸亀藩（現・香川県西部）六代藩主・京極高朗《きょうごくたかあきら》は、自分の趣味のためにわざわざ新しい役職を作った。高朗は、江戸に幕内力士を何名も抱えていたほど無類の相撲好き。参勤交代で江戸に向かう際には、品川までその力士たちが出迎えにきた。ある時、高朗は回向院で開かれた相撲大会に出席。そこでお抱えの力士が対戦相手を投げ飛ばすのを見て、つい興奮。小躍りして手を叩いて喜んだところ、それが「大名にあるまじき行為」と幕府のお咎めを受け、以後、相撲見物を禁止されてしまった。

しかし、それでも高朗の相撲熱は収まらない。場所中、相撲の結果が気になってしかたがない高朗は、相撲の結果を報告する〝御相撲方〟という役職を新設。10名以上の家臣を任命し、早馬で取組結果を詳細に報告させることにした。

取組の結果を逐一知りたい高朗に応えるため、御相撲方は日に何度も土俵と藩邸を往復。藩邸の大広間に設けられた簡易式の土俵の上で、取組の様子を実演して見せるのも大切な仕事であった。お殿様の趣味に付き合わされた役人たちは、さぞ大変だったことだろう。

19 【江戸時代にもあった〝異例の大出世〟】将軍の母になった八百屋の娘

●身分の差を乗り越えて出世した人々

江戸時代の特徴のひとつに身分制度がある。

武士の子は永久に武士であり、農民の子は永久に農民。どんなに優秀であろうと、身分の垣根を越えることは絶対にできない、というのが江戸時代の一般的な認識だろう。しかし、どんな時代にも例外はある。江戸時代にも身分の違いを乗り越え、大出世した人物もいた。

その代表的な人物が、江戸時代の有数の権力者、田沼意次だろう。

田沼意次の祖父は、紀州藩の足軽であった。しかし、子で意次の父にあたる意行が当時の紀州藩主の徳川吉宗に見出され奥小姓になる。吉宗が八代将軍になると、意行も江戸へ同行、旗本になった。そして子の意次は、十代将軍・家治の寵愛を受け、権力の中枢へ。ついには老中となり、5万7000石の大名に成り上がった。

新撰組の近藤勇も大出世を遂げた人物

新井白石とともに、「正徳の治」を断行した間部詮房も異例の出世を遂げた人物である。

甲斐甲府藩の藩士の子として生まれるが、猿楽師・喜多七太夫の弟子となり、一度は武士の世界から離れた。しかし、貞享元（１６８４）年に甲府藩主・徳川綱豊の近習となり、綱豊が家宣と改名し六代将軍となると、詮房も従い江戸へ。宝永３（１７０６）年に若年寄格となり１万石の大名になった。さらに、老中格側用人に就任。猿楽師の弟子だった男が、幕府の中枢へと上り詰めたのだ。

そんな田沼意次と間部詮房に共通するのが、最終的には政治闘争に敗北し、権力の中枢から引きずり降ろされているという点。２人の失脚には、異例の出世が周囲のやっかみを招いたという背景もあったのかもしれない。

そして、もう１人、幕末期に異例の出世を遂げたのが新選組局長の近藤勇である。

武州多摩郡の豪農の子として生まれた勇は、土方歳三、沖田総司らと京へ出て、新撰組を結成。当初、新撰組は「会津藩預かり」という身分であったが、慶応３（１８６７）年に幕臣となり、局長の勇は将軍に御目見えできる旗本になった。これだけでも異例の出世であるが、江戸城無血開城の直前には、若年寄格になったとの説もある。若年寄は、旗本や御家人を指揮監督する役職で、老中に次ぐ権限があった。幕末の混乱期で、すでに大政奉還が終わった後のことではあるが、農家の子どもが若年寄格になっていたとすれば、江戸時代にもっとも出世したのは、近藤勇だといえるだろう。

●将軍の母は八百屋の娘

異例の出世は男に限ったことではない。八百屋の娘から将軍の母になった女性も存在する。

寛永4（1627）年に京都・西陣の八百屋の娘として生まれたお玉は、父が亡くなると母が公家の男性と再婚。13歳になった時に京を訪れていた春日局《かすがのつぼね》の目にとまり、大奥に入ることになった。春日局は人一倍、お玉に目をかけ、将軍・家光に会う時は必ず同席させた。男色の気もあった家光であったが、やがてお玉を愛するようになり、お玉は徳松という男子を産む。

家光が亡くなると、お玉は髪をおとして桂昌院となり、成長した息子の徳松は、館林藩（現・群馬県館林市周辺）の藩主となったため、江戸を離れて館林藩に移った。

もとは八百屋の娘だったのが、藩主の母になる。これだけでも十分すぎる大出世であったが、お玉のサクセス・ストーリーはまだ終わらない。四代将軍・家綱が跡取りを残さないまま亡く

八百屋の娘から将軍の母になった桂昌院

なったため、将軍の弟であった我が子に次期将軍の白羽の矢が立ったのである。

こうして誕生したのが五代将軍・徳川綱吉だ。再び江戸に戻った桂昌院は、将軍の母として大奥で絶対的な権力を握る。元禄15（1702）年には、女性の最高位である従一位の官位を与えられ、79歳で亡くなった。日本の歴史上、もっとも成り上がった女性ともいえる桂昌院。女性が金持ちの男性と結婚することを「玉の輿」というが、「玉の輿」の「玉」は桂昌院のお玉からとったという説もある。

●お金があれば武士になれる

これまで紹介した田沼意次や桂昌院が特異な例であることは否めない。ただ、一般的にも江戸時代では、お金さえあれば武士になることができた。

江戸時代の下級武士や下級旗本は、苦しい生活を送っていた。なかには現状に見切りをつけ、武士なんてやめてしまおうと考える者も少なからずおり、御家人株が売り出されるケースもあった。その御家人株を購入すれば、町人や農民でも武士になることができた。

有名な例では、幕末に活躍した勝海舟の曽祖父がいる。勝海舟の曽祖父は江戸で高利貸として成功した人物で、そこで得たお金で御家人株を買って子供を武士階級にしている。

武士の階級をお金で買うことは基本的に非合法な取引だが、公然と金額を表示し、武士階級を販売していた藩もあった。

その代表的なのが、東北の雄藩として知られる仙台藩。仙台藩では百姓から武士になれる郷士格を５００両で販売。１０００両を納めれば、役高６００石の大番組になれた。ほかにも百姓が帯刀する場合は50両、苗字を作る場合は１００両などと細かく料金を設定している。

勝海舟も曽祖父の代までは平民だった

これらで得た収入は藩の貴重な財源となったが、希望者が少なかったため、相場がやがて暴落し、半額程度にまで値崩れしてしまったという。

この仙台藩の近隣にある盛岡藩でも同じようなシステムがあったが、仙台藩のように大きな藩でないため、ずっとリーズナブルな価格で武士になることができた。

しかし、安ければいいというわけでもなかったようで、希望者はなかなか集まらず、仙台藩同様に相場が暴落している。資金力のある百姓から見れば、武士の身分はわざわざ大金を払ってまで獲得したいものではなかったのかもしれない。

また、金銭的な事情ではなく、自ら望んで武士を捨てた者もいる。

徳川家康の甥にあたる松平定政は突然、剃髪して江戸市中で物乞いをはじめた。これは幕臣たちが生活に困窮していることを、幕政に抗議する意味があったと言われている。

他にも自ら希望して平民になった例に、農業に興味を持ち、武士を辞めてその研究に一生をささげた元福岡藩士の宮崎安貞、商売に興味を持って行商人になった信州高島藩士の嫡男・上島正などの例が記録に残っている。

20 米国市民権を得た日本人がいた⁉

【〝アメリカ人〟になったジョセフ・ヒコ】

●世界を一周した江戸時代の日本人

鎖国政策の真っ只中にあった江戸時代、海の向こうは遠い異世界だった。

長崎を除けば、外国船の往来はない。貿易などで特別に許可された場合以外は、外国に渡るなどご法度。発覚すれば、重い罪を受けるばかりでなく、二度と日本の土地を踏めないおそれもあった。

そんな時代にあって、外国に行くだけでなく、世界一周の旅をした者がいた。

寛政５（１７９３）年に現在の福島県いわき市沖で遭難した津太夫《つだゆう》は、アリューシャン列島東部のウナラスカ島に漂着した。

ウナラスカ島でロシア人に助けられ、アトカ島、聖パヴェル島、アムチトカ島、オホーツク、ヤクーツクから、寛政８（１７９６）年の12月下旬にイルクーツクにたどり着く。その後、

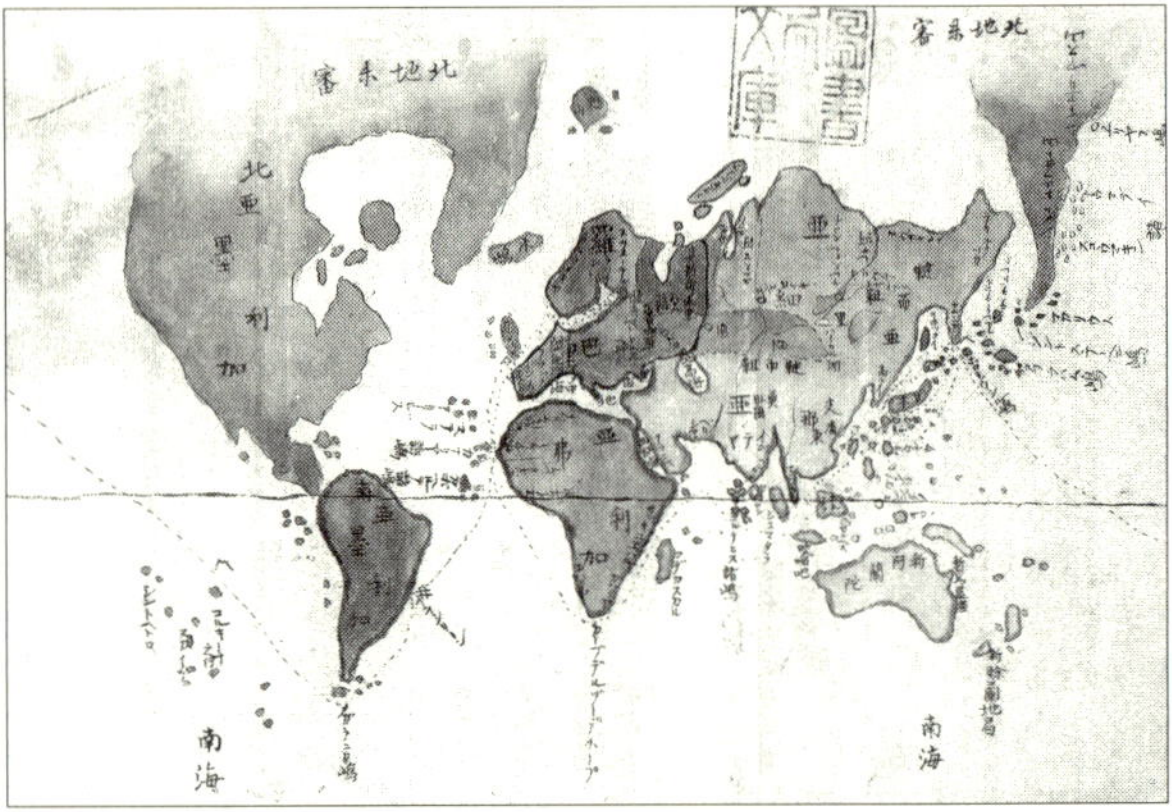

津太夫一行の航海図。津太夫は日本で初めて世界一周をした。

亨和3（1803）年にイルクーツクを出発して、首都サンクトペテルブルクへ。そこでアレクサンドル1世に謁見した。帰国を希望した津太夫は、ロシア使節一行と共にナジェジダ号に乗船する。

ナジェジダ号はクロンシュタット港を出発して、コペンハーゲン、ファルマス、カナリア諸島、サンタ・カタリナ、ホーン岬、マルケサス諸島、ハワイ諸島を経て、文化元（1804）年にペテロパウロフスクに到着した。この時点で彼は世界を一周したことになる。

そして、ペテロパウロフスクから日本へ向かい長崎に到着。日本を離れてから12年目であり、津太夫はすでに61歳になっていた。

●様々な知識を持ち帰った漂流者

天明2（1782）年、沖船頭の大黒屋光太

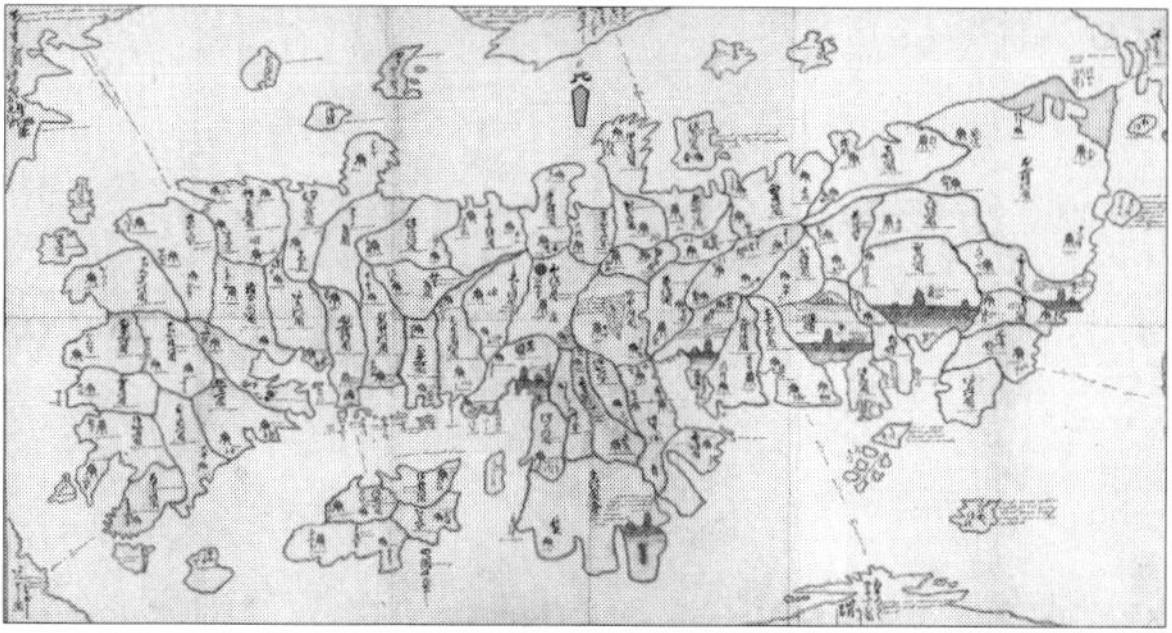
大黒屋光太夫が描いたとされる日本地図

夫は、千石船神昌丸に乗って江戸を目指していた。しかし、遠州灘で嵐のために遭難。大海原を漂流すること8ヶ月、アリューシャン列島のアムチトカ島に漂着した。光太夫たちはその島で2年かけて船を製造。その船に乗り、カムチャッカへ移動した。

　カムチャッカに着いた光太夫たちは、役所を訪れ、帰国願いを申し出る。しかし、役所の担当者に「イルクーックの役所に行って頼んでくれ」と冷たくあしらわれてしまう。光太夫は生き残っていた6人の仲間を連れて、シベリヤの原野をソリで移動。後に根室に入港し、開国を迫ることになるラスクマンの協力を得て、首都サンクトペテルブルクでエカテリーナ二世に謁見。皇帝から帰国の許しを得ることに成功し、ようやく日本に戻ることができた。

　光太夫が漂流から帰国までに要した時間は20年。漂流した17名の中で、生きて日本に戻れたのは彼を含むわずか3名だった。彼の漂流記は作家・井上靖が『おろしや国酔夢譚』として小説に書き、1992年には緒形拳主演で映画化された。他にも作家の吉村昭が『大黒屋光太夫』という作品を残している。

幕末期の漂流者としては、ジョン万次郎こと中浜万次郎がいる。

土佐の漁師であった万次郎は、天保12（1841）年に遭難。八丈島よりさらに南の無人島である鳥島に漂着していたところをアメリカの捕鯨船ジョン・ハウランド号に救出された。船長であるホイットフィールドが万次郎を気に入ったことで、アメリカ本土へ渡ることになる。そこでホイットフィールドの養子となり、バーレット・アカデミーで英語・数学・測量・航海術・造船技術を学び、首席で卒業した。

その後、嘉永4（1851）年に琉球経由で日本に帰国。長崎で様々な尋問を受ける。その際に長崎奉行所で踏み絵もさせられている。長期間、アメリカにいた万次郎が国内で禁止されているキリスト教徒でないか、調べる必要があったようだ。

地元、土佐に戻ると藩の重臣であった吉田東洋から日本画家の河田小龍と同居することを命じられ、ここで外国で得た知識を記録させている。河田はのちに坂本龍馬とも交流するようになり、万次郎から教えられた様々なアメリカの話を龍馬に伝えている。結果として、龍馬は万次郎の孫弟子のような存在になっていたようだ。他にも万次郎は幕末期に土佐藩の中心的な人物となる後藤象二郎や、三菱財閥の基礎を築いた岩崎弥太郎にも授業を行っている。

万次郎だけでなく、先述の大黒屋光太夫も帰国後、様々な知識を持ち帰り、蘭学の発展に大きく貢献している。さらに、ロシアの脅威を訴え、北方の防衛を強めるように進言した。漂流と過酷な経験を持つ彼らは、西洋の新しい知識を身をもって知っており、鎖国時代に貴重な人材になったことは間違いないだろう。

●アメリカの市民権を得た漂流民

ジョン万次郎と同じ時期に漂流してアメリカに渡ったのがジョセフ・ヒコである。

ジョセフ・ヒコ

日本名を彦蔵というジョセフは播州生まれで、両親を早くに亡くしてしまったものの、経済的に恵まれていた彼は、養父に寺子屋に通わせてもらい、読み書きそろばんを学んでいる。

養父はその後、見聞を広めるために、江戸へ彦蔵を向かわせた。その江戸見物から帰る時に、彦蔵は遠州灘で遭難してしまう。

50日間ほど太平洋をさまよい、アメリカの商船に救助される。そのままサンフランシスコまで連れていかれ、同国に滞在することになった。

現地で面倒を見てくれた夫人が熱心なカトリック信者であったことから、彦蔵も洗礼を受け、以後はジョセフ・ヒコと名乗るようになる。また、カトリック系の学校へ通い語学や宗教学を学び、安政5（1858）年には日本人としてはじめてアメリカの市民権も獲得した。

その翌年、ジョセフ・ヒコは神奈川にあったアメリカ領事館の通訳に抜てきされ、祖国に戻る。彼にとっては10年ぶりの帰国となったが、当時、国内では尊王攘夷の過激派が暴れている時代であり、身の危険を感じたジョセフは2年後に再びアメリカへ戻っている。アメリカでは、リンカーンとも謁見。そして再び1年後、日本へ向かった。

元治元（1864）年には、横浜で英字新聞を日本語訳した『海外新聞』を創刊。これが日本語で書かれた最初の新聞と言われている。しかし、残念ながらこの新聞はまったく売れなかったため、すぐに廃刊に追い込まれてしまった。

維新後は、大蔵省に出仕し、国立銀行条例の起草に携わるなど、日本の近代化に貢献。その後、精米所を経営するなど実業界に転身し、明治30（1897）年、心臓病にて波乱の人生に幕を閉じた。享年61歳。アメリカの市民権を持つジョセフ・ヒコの亡骸は、青山の外国人墓地に葬られた。

21 天皇から官位を贈られたゾウ

【江戸時代にやってきたベトナムからの珍客】

●江戸庶民を熱狂させた海外の動物

鎖国政策により、外国との接点を持つことができなかった江戸庶民。しかし、まったく外国に興味がなかったかといえば、そうではない。知的好奇心が旺盛な江戸庶民は、海外からやってきた動物に夢中になった。

文政4（1821）年には、両国でラクダの見世物が行われた。このラクダはオランダ船がアラビアから長崎にやってきたときに連れてきたもので、珍しい動物を一目見ようと、数十万人の観客が集まった。

万延元（1860）年には、トラが両国に登場して話題になる。この見世物は700文を払えば、トラの檻の中に鶏を入れて食べさせることができるというオプションもあった。実際はトラではなくヒョウだったというオチはあるのだが、外国の珍しい動物には変わりなく庶民を

江戸時代にやってきたラクダ（岡勝谷画『象及駱駝之図』）

熱狂させた。

そして、江戸時代に海外からやってきた動物で、もっとも有名なのがゾウである。

享保13（１７２８）年に当時の将軍・徳川吉宗に献上するために広南国（現在のベトナム）から長崎の出島に到着。ゾウはオスとメスの2頭で、メスのゾウはほどなくして亡くなるも、オスのゾウは吉宗に贈られるために江戸へ向かった。

道中は大名や武士、庶民も初めて目の当たりにするその巨大な動物に大興奮。評判を聞いた中御門天皇も、「ぜひ見たい」と願い、霊元上皇とともに謁見する。感激した中御門天皇は、

「時しあれは 人の国なるけたものも けふ九重にみるがうれしさ」

との和歌を詠んだ。

ちなみに、当時は官位のないものは天皇に謁見

できなかった。そのため、このゾウにはわざわざ「広南従四位白象」という位が贈られている。

そんな熱狂の中、江戸へ到着したゾウは吉宗に贈られ、しばらくは浜離宮で飼育される。しかし、当時、財政が逼迫していた幕府はゾウのエサ代に悲鳴を上げ、中野村の源助という農民にゾウを譲り渡す。源助のもとで飼育は続けられたが、寛保２（１７４２）年に、はるばる海の向こうからやってきたこのゾウは病死している。

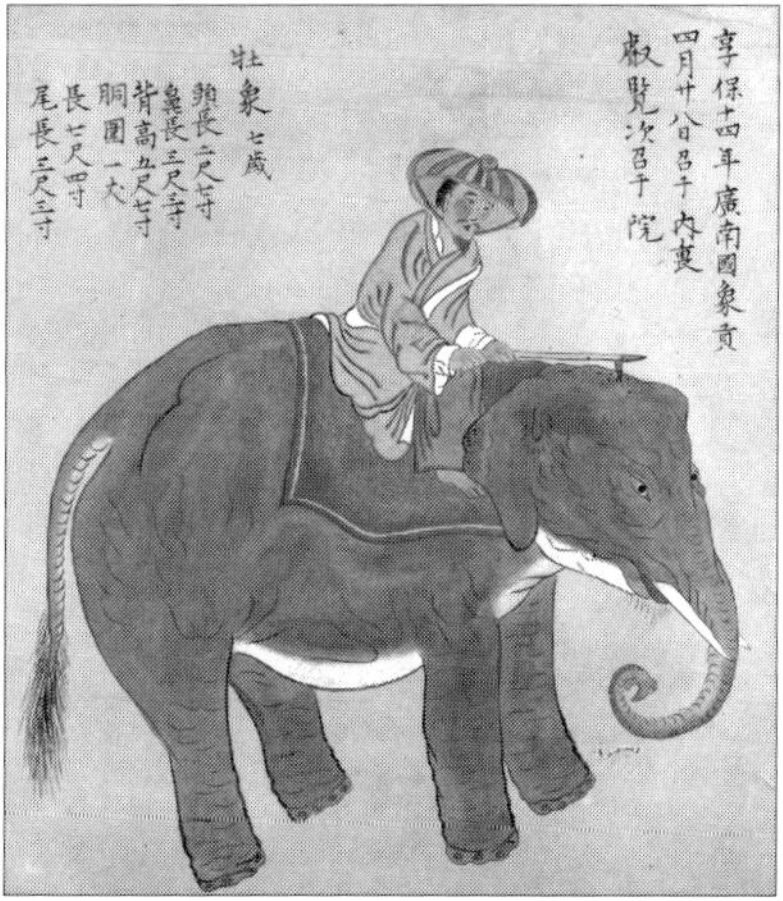

ベトナムからやってきたゾウ（川鰭実利『象之図』）

●外国産馬で国威発揚

ところで、吉宗はなぜゾウを欲しがったのか。吉宗は質素倹約を基本とした享保の改革の指導者であり、「ゾウがどうしても見てみたい！」と興味本位やワガママで呼び寄せるようなタイプの将軍ではない。本来の目的は、長い期間、戦場から離れていた武士たちの意識改革であったようだ。

吉宗がもともと欲しかったのは、外国産の馬だった。日本の馬に比べ、外国産の馬が大きいことを聞いた吉宗は、外国馬を輸入し、軍備を増強して、平和ボケした武士たちに緊張感をもたせようと考えたのだ。だが、馬は繊細な動物である。吉宗は出島のオランダ商館に西洋の馬の輸入を打診するが、「馬は欧州からの船旅に耐えられない」と断られてしまう。

諦めきれない吉宗は「それでは、ジャカルタからならどうか」と再び打診。注文書には「多ければ多いほどいい」「小さな馬はいらない」との注意書きを入れるほどであった。そして念願かなってついにインドネシアから5頭の馬が到着。馬と一緒にハンス・ユンゲル・ケイゼルという馬術の専門家も招へいし、馬術の方法や、馬の飼育方法を幕臣へ指導させている。

そんな吉宗が馬の次に目をつけたのがゾウであった。ゾウはオスとメスの2頭であったことから、軍用であれ、農業用であれ、ゾウを繁殖させて実用化しようと考えていたのだろう。

吉宗が着目したのは動物だけではない。

当時、万病に効果があるとされた朝鮮人参の国産化にも意欲を見せた。朝鮮人参は輸入品しかなく、非常に高価であったため、おいそれと飲めるものではなかった。吉宗は朝鮮人参の種子を取り寄せると、日光今市にあった幕府の農園で栽培させた。そして、そこで得た種を民間に配り、広く朝鮮人参を普及させることに成功したのだ。

朝鮮人参の研究は、次の田沼意次の時代にも進められ、当時「人参博士」として名が通っていた町医者の田村藍水《らんすい》を人参製造所の責任者に任命した。ちなみに、この田村藍水はエレキテ

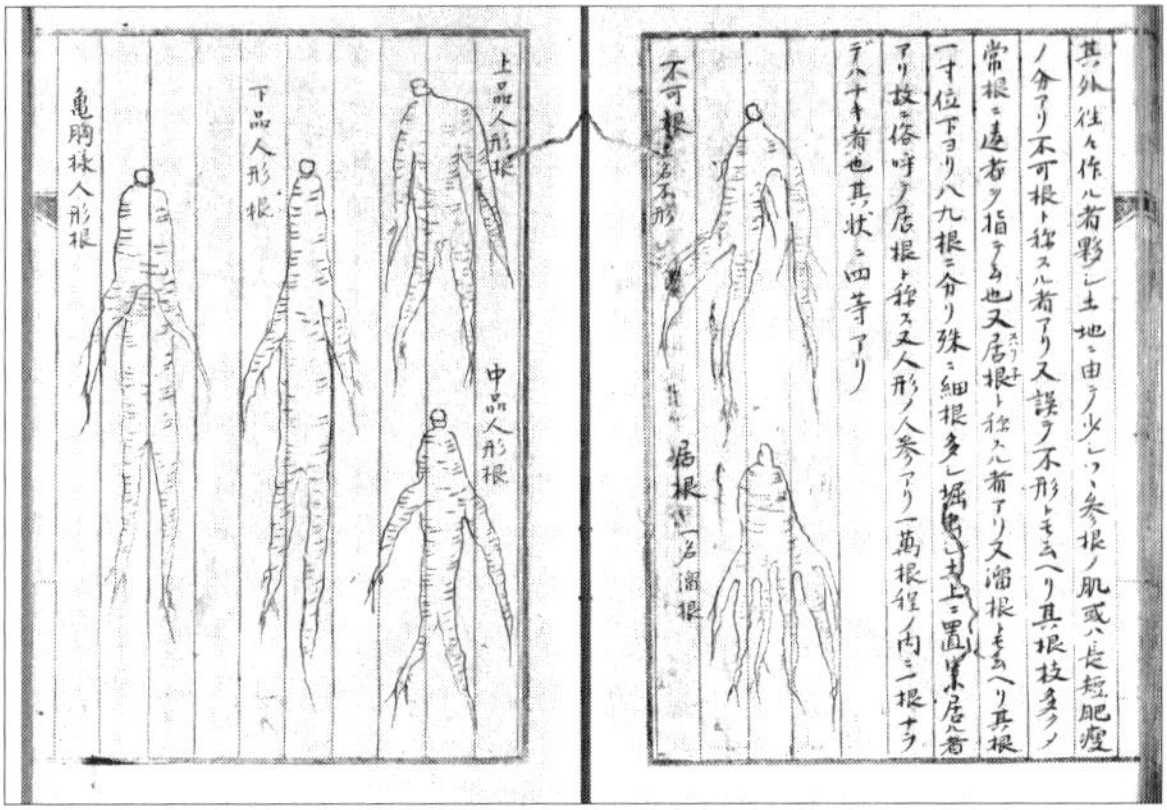

明和元（1764）年には、朝鮮人参の栽培法を記した『朝鮮人参耕作記』も登場

ルなどで有名な平賀源内の師匠でもある。

さらに吉宗は、サツマイモにも注目した。中南米を原産地とするサツマイモは、すでに西日本に入ってきていたが、東日本ではまだ普及していなかった。

享保の大飢饉で国中が食糧不足に陥る中、サツマイモの効用が注目されるようになり、儒学者の青木昆陽《こんよう》が栽培方法を説明した『蕃薯考《ばんしょこう》』を書き上げる。吉宗は青木昆陽を御用学者として採用、サツマイモの普及活動を行った。

鎖国時代の中でも、吉宗は海外の良いものには着目する柔軟な目を持っていたようである。

●藩の収入は密貿易

鎖国時代に海外に注目していたのは吉宗だけではない。地方の大名も、早い段階から海外に着目し、せっせと密貿易に精を出していた。特に松前藩（現在の北海道松前郡周辺）の密貿易は活発で、莫大な利益をあげていたといわれている。

江戸時代は、海外との窓口は長崎・出島に限られていた。海外との貿易も幕府の専売事業である。勝手に海外と接触していることがわかれば、当然ながら罰せられる。実際、加賀藩の銭屋五兵衛という商人はロシアと藩ぐるみで交易したため、責任を問われて投獄されている。

だが、海外との交易は儲かるのだからやめられない。

浜田藩（現在の島根県浜田市周辺）では、回船問屋の会津屋八右衛門の提案を受けて、密貿易を決行。借金に苦しむ藩の財政を立て直すために、李氏朝鮮だけでなく、スマトラ、ジャワなど遠く東南アジアにまで足を伸ばして密貿易を行った。しかし、浜田藩のこの所業は後に、間宮海峡の発見で有名な間宮林蔵に見つかり、幕府の知るところとなってきついお灸を据えられた。

密貿易自体が違法であるため、残っている記録は少ないが、日本海側の多くの藩は朝鮮半島と活発に密貿易を行っていたとされている。特に長州藩や薩摩藩、佐賀藩などは密貿易の収入で財政を立て直していた。そして、その資金は後の討幕の軍費に使われていったのだ。

第四章

江戸時代の武士と庶民の暮らし

22 【清廉潔白のイメージとは正反対の実像】
「出世したくない」が武士の本音だった？

●武士は休日ばかり

昔から「日本人は勤勉でよく働く」というイメージがある。

とくに滅私奉公の象徴のように思われている江戸時代の武士ならば、毎日休みなく、朝から晩まで主君のために働いていたイメージがあるのではないだろうか。

しかし、それは大きな誤解である。江戸時代の武士は、意外にも休んでばかりだった。

江戸城に勤める武官は「三日勤め」といって、1日働いて2日休むのが基本。しかも、その働いている1日も朝番（午前7時～10時）、夕番（午前10時～午後6時）、不寝番（午後6時～翌午前7時）の三勤務交替制での就業だった。文官も2日働けば、1日が休み。休暇が多かったのは諸藩も同じで、紀州藩のとある江戸詰めの下級武士の記録を見ると、当番日は多い月で13日、少ない月はゼロ。勤務時間もせいぜい半日であった。

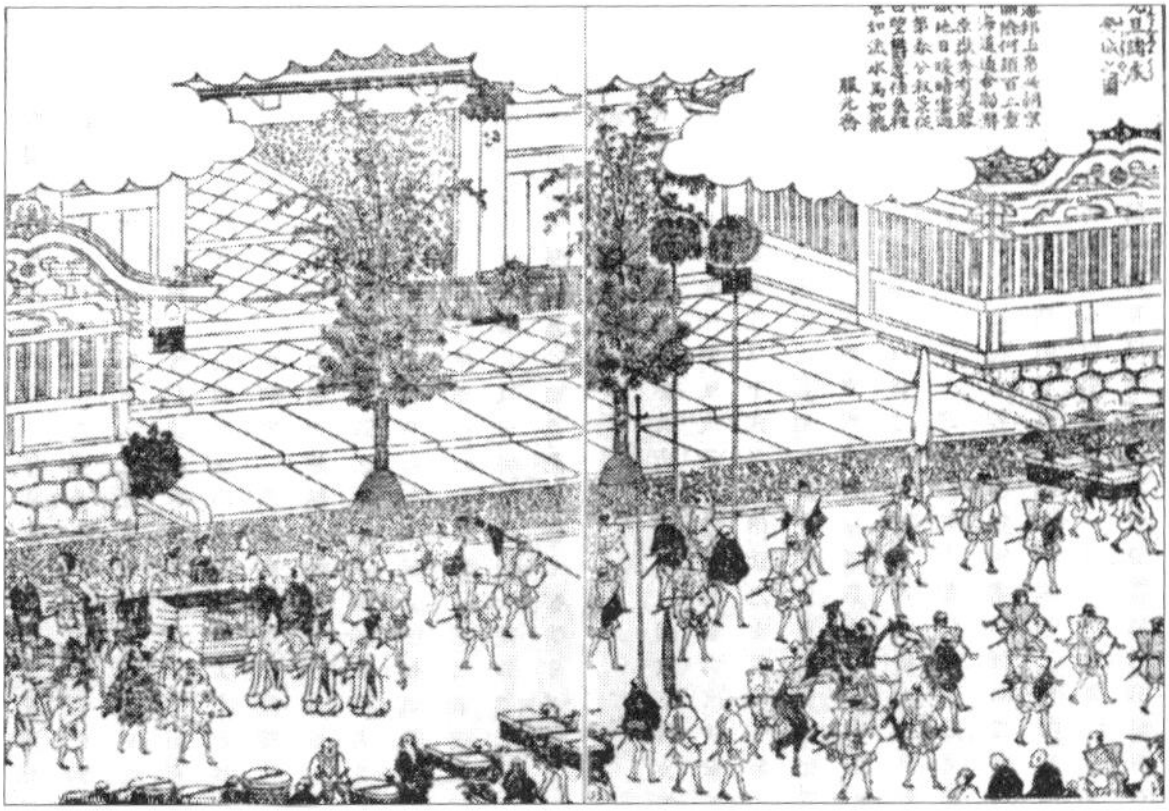
江戸城に登城する武士たち（『江戸名所図会』）

働き詰めの現代人からすれば、なんともうらやましい限りだが、あり余る休日を当時の武士たちは何に使っていたのか。

裕福な上級武士は、有意義な休日を過ごしていた。塾に通うなどして学問に励む者もいれば、有事に備えて武芸を鍛錬する者、あるいは趣味の世界に没頭する者もいた。地方から江戸詰めになった上級武士は寄席や落語に足しげく通い、江戸の生活を満喫していたようだ。幕末には、若い志士たちが集まり謀議を重ねていたが、彼らもこの豊富な休暇を利用して集まっていたものと思われる。

しかし、そうした休日を過ごせるのは、あくまで上級武士や幕末の志士たちぐらい。江戸時代の一般的な下級武士は、休みだからといって趣味や謀議をしている余裕などない。大部分は生活のためにアルバイトをしていた。

●武士のアルバイトに俸禄詐欺

武士のアルバイトには、具体的にどういったものがあったのか。

江戸時代の御家人のアルバイトを見てみると、寺子屋での講師、行灯《あんどん》の絵付けと文字書き、傘張り、盆栽の栽培、小鳥の繁殖、金魚や鈴虫の養殖など。さすがに店先に立ってものを売るわけにはいかないので、副業は家の中でできる仕事が中心であった。

そんな武士のアルバイトの中には、江戸の名物になったものもある。御徒町に住む御家人たちは、朝顔の栽培をしていた。それが評判を呼び、江戸でちょっとした朝顔ブームが起こる。現代にも続く「入谷の朝顔市」はこれが起源になっている。

武士の副業は内職だけではない。芸達者な武士の中には、高級旗本の家で行われる宴会に出演し、三味線や役者のモノマネなどを披露しておひねりをもらい生活費にする者もいた。

また、家中の女子も重要な働き手で、機織りなどをして家計を助けた。屋敷の敷地を利用して、野菜を栽培する家もあった。売るものだけでなく、自分たちの着るものや食べるものも作ってしまおうということである。

このように、せっせとアルバイトに励んでいた江戸時代の武士であるが、なかには副業に熱を上げすぎたあまり、それが原因で命を落としてしまった者もいた。

忍（おし）藩の下級武士だった尾崎石城が書き遺した料亭での酒宴の様子。ヒマな武士はしばしば集まって酒を飲んだ。（大岡敏昭『幕末下級武士の絵日記』相模書房）

文化12（1815）年、御家人であった和田庄五郎は、家の庭の土を売るアルバイトをしていたところ、庭を深く掘りすぎて土崩れが発生、生き埋めになってしまった。家人が慌てて掘り返したが、すでに庄五郎は絶命……。現代の武士のイメージからは想像できないようなことが、現実に起こっていたのだ。

旗本の間では、いまでいう年金の不正受給のようなものも横行していた。親族が死んでも役所に報告せず、他の親族がそのまま俸禄をもらい続けた、という記録が残っている。しかし、幕府はそれを黙認。厳しく取り締まれば、生活できなくなる武家が出てきてしまうからだ。

商売のやり方が下手であることのたとえとして、「武士の商法」という言葉がある。明治に入り、失業した武士たちがやむなく商売を始めたところ、ことごとく失敗したことに由来する言葉だが、実際はもともと副業していた下級武士は明治になってもさほど苦労しなかったようだ。「武士の商法」を地でいったのは、それまで金銭に苦労しなかった上級武士たちであった。

●出世したくないという本音

アルバイトに精を出し、どうにか生活費を得ていた江戸時代の下級武士。彼らをさらに困らせたのが、下手に出世してしまった場合であった。

江戸時代は優秀だからと抜擢されても、給料が増えるわけではなく気持ち程度の役職手当がつくだけであった。その上、出世をすれば、役職に見合った体裁を保つ必要がある。給料はろくに増えないのに、被服代や交際費などがかさみ、悲鳴を上げる武士は少なくなかった。

では、そうした状況をどんな手段で回避するのか。その方法が賄賂である。

賄賂というと、清廉潔白な武士のイメージからはほど遠く、現代では決して褒められた行為ではないとされる。だが、本書「悪人、田沼意次は正直者だった？」でも述べたように、江戸時代の賄賂は社会システムを保つ上で必要なものであり、それを受け取ることも後ろめたい行為ではなかった。

戦国時代は、他国を支配すれば、そこから得られる資金を報酬として配下の武士に分配できた。しかし、切り開く土地のない江戸時代では利益の分配にも限界があり、出世した者の希望に適うような報酬はなかなか出すことができない。幕府からすれば、足りない分は賄賂で補填してもらう方が効率的だったのだ。

とはいえ、そうした風潮があると、有能な者を出世させたとしても本来の仕事そっちのけで賄賂を得ることばかりに腐心するようになってしまう。

そこで八代将軍・吉宗は、給料制度の改革を断行。とくに重要なポストに限って、任期中はそれまでの〝気持ち程度〟の役職手当ではなく、桁違いのボーナスを上乗せすることにした。しかし、この給料制度の改革もあまり目立った効果をあげられなかったようだ。役職を離れた途端にボーナスがカットされるため、仕事に打ち込むことにはならず、結局は自分の地位を守ることに精を出すようになってしまった。

江戸時代の武士は上昇志向など持たず、教育費や交際費を極力抑え、アルバイトに精を出す方が安定した生活を送ることができた、というのが現実だった。そんな武士の実像は、清廉潔白なイメージを持っている読者には少し残念に感じられるかもしれない。

23 娯楽が多かった江戸の暮らし

【一年を通じて、イベントが盛りだくさん】

●3ヶ月間花火を打ち上げ続ける

小学生や中学生の教科書には、必ず江戸時代の飢饉の絵が掲載されている。そこから「江戸時代の庶民は、さぞ苦しい生活を送っていたのだろう」と思われるかもしれない。

だが、飢饉はあくまで数十年に一度の特殊なケースである。もちろん、なにもかもすべて満足とはいえないだろうが、いつの時代でも庶民は自分たちの娯楽をしっかり持ち、それなりに人生を楽しんでいた。

江戸の庶民にも季節ごとの娯楽があった。特に春と夏は、楽しみな季節だった。

春は花見である。慶長3（1598）年、時の権力者・豊臣秀吉が京都の醍醐寺で盛大な花見を行ったが、この花見は武士や公家のためのものであり、庶民が参加することはなかった。

花見が庶民に浸透したのは江戸時代に入ってからである。もっとも活気があった花見の場所

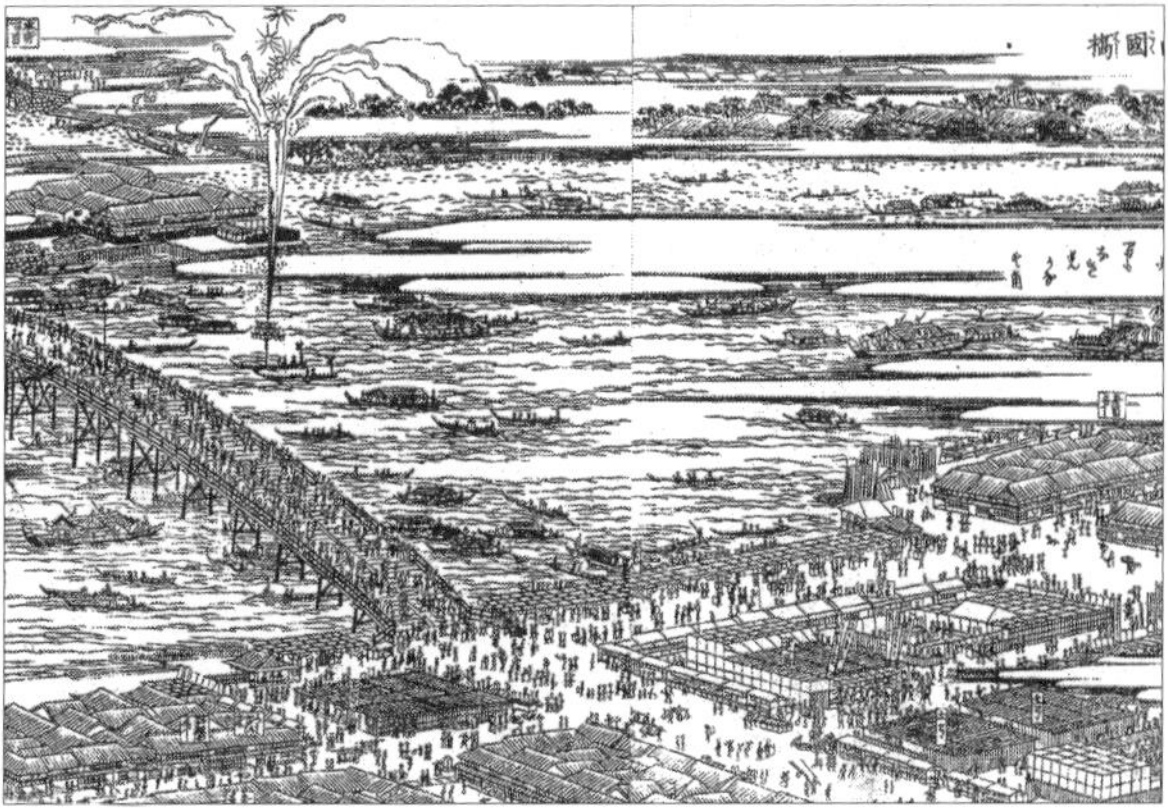

多くの人々で賑わった両国の花火大会（『江戸名所図会』）

は上野の寛永寺。ここは歴代将軍の墓がある場所だが、春になれば、庶民が酒や弁当を持ち寄って活気づいた。花見が庶民の楽しみになると、八代将軍・吉宗が飛鳥山（現在の東京都北区）に桜を植えて、花見ができる名所を作った。これには庶民も大喝采で、その後は墨田堤や御殿山（品川）にも桜が植えられている。

　夏は花火である。当時の花火は赤色の一色だけだったが、花火師が工夫し、様々な形の花火を打ち上げた。

　現在も続く「隅田川花火大会」がはじまったのも江戸時代。「享保の飢饉」が起こった翌年の享保18（１７３３）年、飢饉で亡くなった死者の霊を弔い、悪疫退散を願うために江戸・両国で花火を打ち上げたことがはじまりで、やがて江戸の夏の風物詩となった。当時は5月28日から8月28日

祭り好きの江戸っ子を熱狂させた山王祭り（『江戸名所図会』）

まで３ヶ月間、毎日花火を打ち上げ、シーズンには両国橋が人で埋め尽くされたという。

盛り場や縁日などでは曲芸も盛んであった。江戸の両国や浅草、大坂の難波新地では、軽業や曲馬、力持ち、動物見世物、細工見世物などが人気であった。曲芸は世界でも驚かれるようなレベルで、慶応３（１８６７）年に軽業師の早竹虎吉がアメリカへ渡り、サンフランシスコで芸を披露すると、現地で大評判になったという。

また、祭りも重要な庶民のイベントであった。山王、神田で行われた天下祭り、深川の八幡祭り、浅草の三社祭りなどが当時から行われていた祭りである。祭りにハマりすぎて揃いの衣装を買うために、娘を吉原へ売ってしまった者もいたほどで、現代の感覚からすれば、その力の入れ具合は想像をはるかに超えたものであった。

●女も相撲を取る

相撲見学も庶民の楽しみのひとつであった。江戸時代初期に相撲は何度も禁止されたが、寺社が財政確保を目的とした勧進相撲が幕府から許可され、庶民の娯楽となる。

寛政3(1791)年には、質素倹約を基本とした寛政の改革の実行者である松平定信が、十一代将軍・家斉の御前で上覧相撲を企画する。

当時は、定信があまりに質素倹約を口うるさく言い続けたため、武士や庶民の不満が増大していた。上覧相撲は、そのガス抜きを狙ったものだったと言われている。相撲大会程度でガス抜きができたかは微妙だが、これをきっかけに庶民の間で相撲が本格的なブームとなった。相撲の格式も高まり、上覧相撲に勝った力士は、将軍から弓を与えられた。これが現在の大相撲でも続けられている弓取り式のはじまりである。

ブーム到来後は、民間でも辻相撲や素人相撲など非公式な相撲が活発になる。その他にも、目の不自由な者同士が行う座頭相撲や女性が闘う女相撲なども行われ、庶民の人気を博した。

だが、女相撲はあくまで色物扱いであり、武士階級は庶民とともに見学することがはばかられたという。しかし、庶民が楽しんでいるものをどうにかして自分も楽しみたいと思う武士がいても不思議ではない。

実際、田沼山城守《やましろのかみ》（田沼意知《おきとも》）は、自身の屋敷で毎晩のように奥女中たちを集めて相撲大会を開催していた。彼のルールは独特で勝敗は関係なく、面白い取組をしたものに褒美を与えるというものだったそうだ。

●将軍様の「町人ごっこ」

女相撲をこっそり楽しんだ田沼山城守を見てもわかるように、格式とプライドを持つ武士は、いくら面白そうなものでも、庶民と一緒になって娯楽に興じることには抵抗があった。下級武士の中には隠れて庶民と一緒に楽しんだ者もいたようだが、上級武士となるとそうはいかない。暴れん坊将軍や水戸黄門が城下をぶらぶら歩くのは、あくまで時代劇の中だけの話である。

ただ、そうはいっても武士も人間、「娯楽を楽しむとまではいかなくとも、町を気ままに歩いたらどんなに楽しいだろう」と想像した者も少なくなかったようだ。

そんな希望を叶えるため、御三家のひとつである尾張藩の江戸下屋敷には「御町屋」というテーマパークが作られた。「御町屋」は、庶民の生活を疑似体験できる施設で、小田原宿をモデルに作られたものであった。

敷地内には暖簾を下げ、看板を掲げた店が置かれ、その店先には本物の菓子や田楽などが並べられた。細部にもこだわっており、鍛冶屋の前にはあえて炭を散らかしておくなど、城下町

尾張藩下屋敷戸山荘の中にあった御町屋。尾張藩の下屋敷には広大な池や人工の山もあり、江戸随一の名園と讃えられた。(『尾張公戸山庭園』)

の様子がかなりリアルに再現されていた。武士たちは羽織袴を脱ぎ捨て、そこでしばしの「町人ごっこ」に興じたのだ。

この「御町屋」をいたく気に入ったのが、十一代将軍の家斉。何度も足を運ぶほどで、花屋の店先にあった花を土産に持ち帰ったこともあったとか。しかし、御町屋があったのは尾張藩の藩邸内。将軍の公式訪問ということになれば、尾張藩もしっかりとした準備をしなければならず、頻繁に通っては先方に迷惑をかけてしまう。そこで気を遣った家斉は、鷹狩りの帰りに偶然、尾張藩邸に立ち寄ったという体裁で足を運んでいたという。

娯楽目的のテーマパークに行くにも周囲を気にしなければいけない将軍と、町に多くの娯楽があった庶民、果たしてどちらが楽しい人生であったのだろうか……。

24 流行の最先端は吉原の遊女だった？

【江戸時代にもあった驚きのブランディング戦略】

●ファッションリーダーは歌舞伎役者と遊女

現在のファッションリーダーといえば、ファッション誌のモデルや女優、アイドルといったところだろう。彼女たちは雑誌やテレビ、映画に出演することで注目が集まり、身に着けたものが話題となって、ファッションリーダーとなっていく。江戸時代は現在に比べれば圧倒的にメディアが少ない時代であったが、そんな中でも、ファッションリーダーは登場しており、そこから流行が生まれていた。

江戸時代のファッションリーダーは、歌舞伎役者と売れっ子の吉原の遊女であった。

宝暦、明和年間に活躍した女形の大人気歌舞伎役者・二代目瀬川菊之丞は、身に着けたものが次々と流行した。菊之丞の俳号が「路考《ろこう》」であったことから、路考結、路考櫛、路考茶など、彼を冠にした商品が次々と話題になった。

他にも、京都の役者である佐野川市松が「高野心中」で着た舞台衣装が起源である「市松模様」も話題となった。

一方、遊女界でのファッションリーダーは承応、明暦期に登場した勝山である。吉原の太夫《だゆう》であった彼女は、伊達な異風を好んでいた。彼女が歩けば、その姿を一目見ようと、道の両側には人が溢れかえるほどであったとか。勝山のことは、井原西鶴も『好色一代男』で紹介している。

髷を前に丸めてまとめる彼女の髪型は「勝山髷」と称され、当時の女性たちの間で大ブームとなる。後に「後古丸髷」とも呼ばれ、既婚女性の定番にもなった。

さらに、遊女から生まれた髪型に、現在でも結婚式で結われる「文金高島田」がある。この髪型の原型は東海道、島田宿の遊女の「島田髷」が発祥とされている。

東洲斎写楽「佐野川市松」（『浮世絵大観』）。
着物のチェック柄が市松模様。

●刀は武士のファッション

庶民だけでなく武士もファッションは

気にしていた。武士がファッションで、もっとも凝ったのが刀であった。

幕末に勝海舟が、「抜く必要がない」として、自身の刀を紐で縛りつけ、抜けないようにしていたというエピソードがある。これは「刀で斬って暗殺しても世の中は変わらない」というメッセージであったようだが、250年の平和が続いた江戸時代、武士の魂でもあり、その象徴でもあった刀は海舟が紐で縛りつけなくとも、すでに多くの武士にとって抜く必要のないものになっていた。

刀は、次第に武器ではなく「ファッション」としての役割が大きくなっていく。刀でもっとも大事なところといえば、誰でも刀身だと考えるだろう。しかし、江戸時代の武士は、この刀身の手入れよりも、柄や鞘の装飾に熱中していた。

鞘は、登城の際は「黒塗り」と決まっていたが、金銭的に余裕のある武士は他にも複数の鞘を所有し、TPOに応じて使い分けて自身のセンスを誇示した。武士の自慢話も、戦国時代ならば、「この刀で何人斬った」というものであっただろうが、江戸時代では、「この刀の装飾は……」などに変わっていったと考えられる。

一方、金銭的に余裕がない武士、特に浪人などは、偽物の刀で体裁を整えた。竹光は生活に困窮したり、手入れをさぼって錆びさせてしまった場合などに代用品として用いた。もちろん、この刀では人を斬ることはできない。

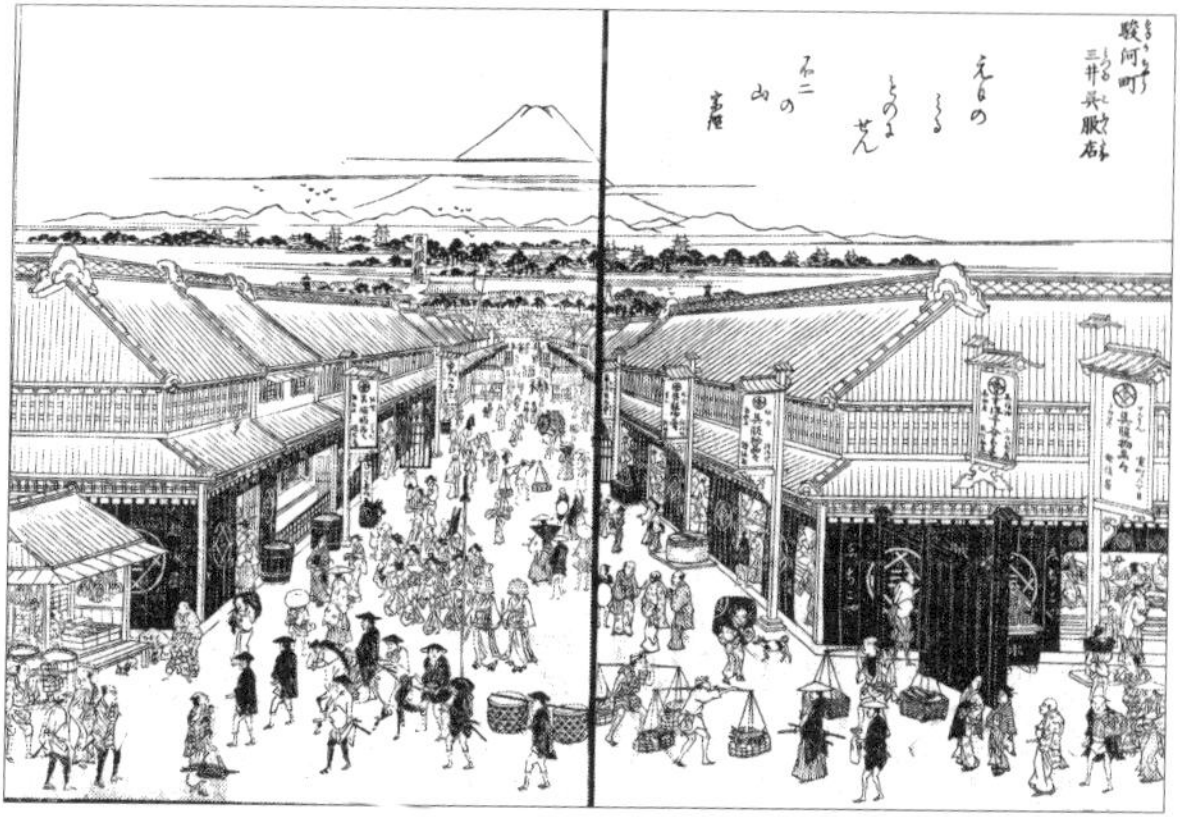

天和3（1683）年、三井越後屋が駿河町に開いた三井呉服店（『江戸名所図会』）

竹光以外にも、実際に人を斬ることができない偽物の刀が神田紺屋町《かんだこんやちょう》界隈で売られており、総称して、「紺屋町物」と呼ばれていた。

●高度なブランディング戦略

現在のファッション業界では、各ブランドが様々なイメージ戦略を行っている。江戸時代でもそれは同じで、なかには現代から見ても驚くほど高度な広告戦略も打ち出されている。

その代表的な存在が、大手呉服店の三井越後屋である。三井越後屋は趣向に富んだ広告戦略を展開し、衆目を集めてブランド力を飛躍的に高めていった。まず、店が江戸の観光名所になるように中央に富士山を描き、両端に越後屋があるという構図の絵を作成。「江戸から富士を見るならば、越後屋から」という戦略をとる。

さらに、雨が降ると客に傘を貸すサービスを開始。もちろん、客は雨に濡れずに喜ぶが、その傘にはしっかりと「越後屋」の文字が書かれていた。越後屋の傘をさす客は歩く広告塔となったのだ。この傘はすぐに話題となり、江戸の雨が描かれる時には「越後屋の傘」が必ずといっていいほど登場することになる。もちろん、広告効果は絶大であったようだ。

越後屋のライバルであった大丸も負けていない。

京都の本店から江戸へ商品を運ぶ時は、大きな大丸マークの入った風呂敷を背負わせて移動、道中の宿場町で大丸ブランドを定着させることに成功している。また、人が多く集まる寺社に大丸マークが入った手拭いを大量に寄進、冬になれば貧しい人々に古着を無料で配る社会貢献も行っていた。その他では、恵比寿屋という呉服店は何を買っても「おつり」として一文銭を客に渡すサービスを開始。これは現在のポイントカードやサービス券と同じ効果を狙った戦略であったと言われている。

商売を繁盛させるためにはブランディング戦略が重要であることを、江戸時代の商人もしっかり認識していたようだ。

25 江戸時代は浮気するのも命がけ？

【男女平等にはほど遠い不自由な恋愛観】

●心中が多いので禁止令まで出された

江戸時代、恋愛結婚はまずありえなかった。

時代小説ではよく男女の色恋沙汰が描かれるが、現実の世界でそれらがハッピーエンドになることはなかったはずである。

特に武士や中流以上の商人などになると、結婚は家格が重視され、その後の家の繁栄のために組まれることが一般的だった。当時は連帯責任の社会なので、親族の1人が罪を犯した場合、他の一族に罪が及ぶこともある。お互いが惹かれあったからといって結婚させると、下手をすれば一族が滅びる可能性もあった。当時からすれば、結婚が個人の自由で進まないのは、当たり前のことだったのだろう。

そうはいっても、男と女がいれば恋愛は自然に発生するもの。そのため、江戸時代には、願っても結婚できないカップルの心中が非常に多かった。近松門左衛門の代表作『曽根崎心中』も愛し合うカップルが心中する物語である。

そうした世間の風潮を受け、幕府は心中を厳しく処分するようになる。

心中した者の葬式は、親族であっても出すことは許されなかった。さらに、どちらかが生き残った場合は死罪。両方とも生き残った場合は、日本橋に3日間さらされ、非人の身分にされた。八代将軍・吉宗は、「心中」を上下逆にして、重ねると「忠」という文字になるということから、「心中」の言葉自体の使用も禁止したほどだった。

●浮気は命がけ、離婚は簡単じゃない

江戸時代の結婚制度は現在と違うところが多い。とくに目につくのが、なにかと女性に不利な点である。妻は結婚しても氏が変わらず、家紋もそのままであった。結婚の際に持ってきた結納金や嫁入り道具は妻に所有権があったため、離婚すればそれらを持ち帰ることができたが、有利な点といえばそれぐらいで、後はとにかく非常に厳しい。

なかでも厳しいのが妻の浮気。訴訟や刑罰について記した『御定書百箇条《おさだめがきひゃっかじょう》』によると妻の浮気は死罪で、その浮気相手も死罪。それだけでなく、夫が妻の浮気現場を押さえたら、その場で殺しても罪には問わないとされている。

不義密通を犯し、親元に帰された女性（『徳川幕府刑事図譜本編』）

離婚についても、女性に不利であった。夫から離婚を希望する場合は、「三行半《みくだりはん》」と呼ばれる離縁状を妻か、妻の父に渡せば成立した。離婚の理由もとくに問われなかった。

一方、妻から離婚を希望する場合は簡単ではない。その方法は次の3つ。

①承諾を得ることなく、夫が妻の持ち物（嫁入り道具など）を質入れした場合
②夫が家出し、10ヶ月以上帰ってこなかった場合
③妻が縁切り寺へ逃げ込み、3年間、尼として過ごした場合

このいずれかが成立しなければ、妻から離婚はできない。たとえ夫が仕事をせずに収入がなかろうと、夫が不倫しようと、夫から暴力を振るわれ

江戸時代、全国に２つあった縁切り寺のひとつ、「満徳寺」の駆け込み門。

ようとそれは離婚の事由にはならなかった。万が一、離婚が成立せずに他の家に嫁ぐと、重婚や姦淫の罪に問われ、妻は丸坊主にさせられた。

ちなみに、縁切り寺は鎌倉松岡山の東慶寺と上野国《こうずけのくに》勢多郡新田荘（現・群馬県太田市）にある満徳寺の全国で2か所のみ。たとえこれらの寺までたどり着くことができたとしても、簡単に寺に入ることはできない。

まず身に着けているものを寺に投げ込み、離婚の意志を示す。そして事情説明。その後、夫を呼び出して調停を試みる。それでも夫が離婚を承諾しなかった場合、尼寺に入ることが認められ、3年後にようやく離婚が成立した。

かように女性に厳しかった江戸時代の結婚観。現代からみれば、圧倒的に男性優位だったといえるだろう。

●江戸時代にラブホテルがあった

とはいえ、江戸時代の男女交際はガチガチに厳しかったというわけではなく、現在のラブホテルに当たるような施設もあった。それが出会い茶屋と呼ばれるものだ。

出会い茶屋は、二階建てで、暖簾をくぐると小さな土間があった。その横に三畳ほどの受付があり、老婆が番をしている。ここで部屋を指定され、二階の部屋に上がるシステムである。老婆は客が部屋へ入ると、すぐに履物をしまう。これは金を払わず逃げられることを防ぐためだ。そして、カップルは逢瀬を終えると裏口から出て帰っていくのが一般的であった。

その他、料理屋や茶屋の奥座敷、船宿の2階などが密会場所として使用されていたという。

そんな江戸時代のカップルにとって、大きな問題だったのが避妊である。

当時は効果的な避妊方法がなく、医学の知識も乏しかったため、望まない妊娠をする女性は後を絶たなかった。長屋の便所には、必ず堕胎薬の広告が貼られていたという。

堕胎薬で効果がなかった場合には、中条流という専門医が手術を担当した。

手術といっても、局部に薬品を押し込んで流産させるという荒っぽいもので、かなりの危険が伴った。ちなみに、中条流では、水子を供養し、戒名までつけてくれるなど、アフターケアも万全であった。当時の必然的な需要から、中条流の医者は蔵が建つほど儲かったという。

26 【飲む、打つ、買うがなんでも揃う】江戸の夜は男のパラダイスだった？

●妻が吉原出身は男のステータス

男女の恋愛や結婚について厳しい取り決めがあった江戸時代。しかし、その一方で性に関してはずいぶん大らかな面も持っており、江戸には歓楽街がいくつも存在していた。代表的なのが江戸を舞台にした時代劇に必ず登場する売春の合法地帯・吉原。だが、この吉原は、江戸に住むすべての男が遊べるような場所ではなかった。

そもそも、吉原の客は階級の高い武士や豪商が中心。伝統と格式を重んじる吉原は、儀礼や手続きがなにかと面倒で、実際に売春行為に至るには何度も通い、多額のお金を払わなければならないシステムだった。最高級の遊女と遊ぶ場合、正式な儀礼に則れば、一晩で現代の価値にして100万円以上の費用がかかることもあったという。

そうした高価な遊び場であったため、吉原はある種、男のステータスだった。客の中には、気に入った遊女を見受けして、自分の妻にする者もいた。もちろん、見受けには莫大な費用がかかる。それを払えるというのは男の甲斐性であり、吉原の遊女を妻にする、というのは決して後ろめたいことではなく、周囲に自慢することであった。

しかし、世の中、裕福な男ばかりではない。

吉原に足を踏み入れることができない男たちはどうしたのかというと、品川や内藤新宿、千住、板橋といった江戸市中や近郊の宿場街に通った。宿場街の旅籠屋には、幕府黙認の飯盛《めしもり》女《おんな》と呼ばれる遊女がいたからである。

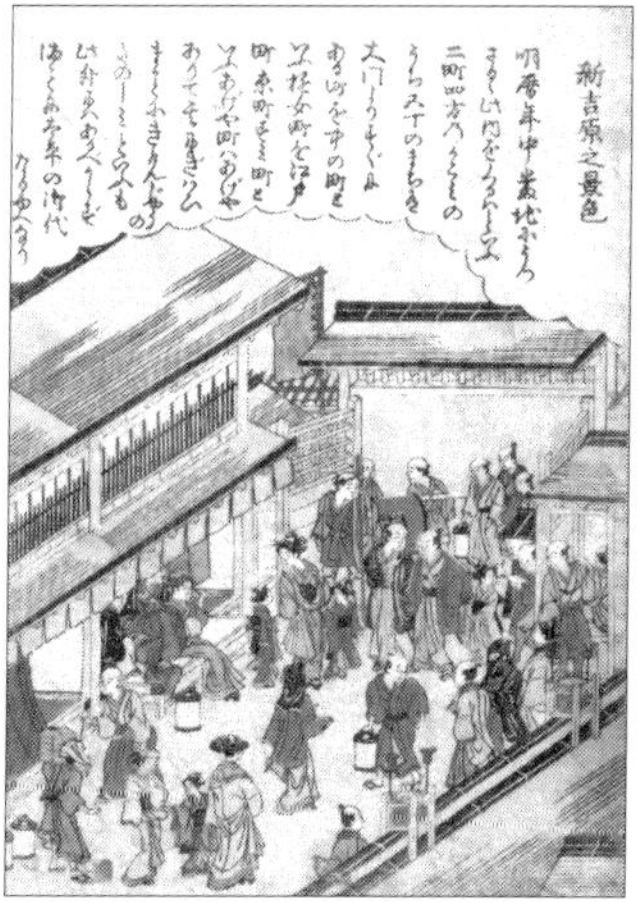

北尾重政「新吉原の様子」（1770年頃）

飯盛女は江戸市中や近郊だけでなく、各地の宿場街にいた。当時は伊勢参りが人気であったが、旅人の多くは伊勢神宮にはさほど興味はなく、色々な宿場街で夜遊びすることが本当の目的であったともいわれている。

ちなみに飯盛女の相場は、宿泊代別で400文程度。現在の価格で6000円ほどであった。吉原と比べれば格段に安く、これならば身分に関係なく、裕福でない男でも遊ぶことができた。

その他、江戸市中には岡場所《おかばしょ》と呼ばれる幕府非公認の売春地帯が50ヶ所ほどあった。料金は旅籠屋の飯盛女と同程度。非合法とはいえ、しっかり奉行所への心遣いをしていたため、寛政の改革と天保の改革の時を除けば、厳しく取り締まられることはなかった。

さらに、夜鷹と呼ばれる個人の売春婦もいた。こちらの価格は「蕎麦一杯」ほどであったそうだが、旅籠屋や岡場所で働けなくなった女性が中心で、質は悪かったという。

江戸時代の売春事情を見れば、吉原以外にも選択肢があった。そんな中で、高級路線を歩んでいた吉原は徐々に遊ぶ場所ではなくなり、多くの男にとっては店にあがらず、街の雰囲気を楽しむだけの「冷やかし」の場になってしまう。吉原はやがて商売が成り立たなくなり、古い格式を捨て、徐々に庶民派路線に切り替えていくことになった。

●男娼は遊女より高額

様々な性癖を持った人間はいつの時代にもいるわけで、それは江戸時代でも例外ではない。江戸時代には、陰間《かげま》と呼ばれる男色専門の男娼も存在していた。

陰間茶屋が盛んだったのは、現在の日本橋人形町周辺。その他、湯島天神前などにも数軒の店があったが、芝居小屋がある地域には必ずといっていいほど陰間茶屋が営業していた。その

客の目を盗み、女中と戯れる陰間（西川祐信画）

理由は、役者が夜のアルバイトとして働いていたため。歌舞伎役の女形の場合は、陰間として働くことが芸の肥やしになる、ともいわれていたという。

陰間の旬は短く、役者を除けば、17歳になると引退した。その後は、遊郭で幇間の仕事につく者が多く、堅気の商人になれるケースは少なかった。陰間のしきたりは厳しく、客の前でとろろ汁や納豆汁、蕎麦などを食べることができなかった。客の前で、「ズルズル」と音を立てると、陰間として魅力が薄れるとされていたからだ。

その他、変わったところでは、品川の岡場所にいたという大きな遊女の話が残っている。

その遊女の身長は180センチ。当時の男性の平均身長が157センチ程度だったことを考えると、かなり大柄な女性である。

彼女は自分の大きな体を恥じていたらしく、初めての客の前では着物の中に手足を隠していた。もの珍しらしさに加えて、この恥じらいの姿が男

庶民の間では、博打も流行した（『徳川幕府刑事図譜本編』）

心をくすぐったようで、彼女はたちまち人気者となり、毎夜ひっきりなしに客がつくようになった。店の主人は「こんな大きな女では商売になるのか」と期待していなかったようだが、思わぬ盛況に笑いが止まらなかったという。

●神社でギャンブル

「買う」話に続き、「打つ」ことはどうだったのか。

時代劇でおなじみの丁半博打は、『枕草子』にも記述がある歴史の古い賭博である。時代劇ではヤクザ者が開催しているイメージが強いが、ギャンブル好きな町人の家や寺社の境内、さらに武家屋敷でも賭博が行われていた。

博打で賭場を仕切る者を「中盆《なかぼん》」という。中盆は瞬時に配当を暗算する必要があったため、その力量が博打の盛り上がりを左右した。賭博中にもたつく中盆は、「盆暗《ぼんくら》」と呼ばれた。これがボンクラの語源であるとされている。

他にも、庶民が気軽に遊べるギャンブルとして、「富くじ」があった。現在の「宝くじ」である。「富くじ」は16世紀後半に関西の寺院で行われるようになったもので、江戸でも元禄年間に大ブームとなった。賭博性があることから何度も幕府によって禁止令が出されたが、八代将軍・吉宗がこの人気に目をつける。京都・仁和寺の改修費用を捻出することができなかった吉宗は、寺社が独自で「富くじ」を行い、資金を作ることを公に認めた。

仁和寺は真言宗の総本山であり、本来ならば幕府が改修費用を用意せねばならないところだったが、「富くじ」の成功で負担。その後、他の寺社も改修費用捻出目的であれば、「富くじ」を行うことが許されるようになっていく。「富くじ」の胴元は寺社であったため、その管理も寺社奉行が行っていた。

あくまでも「富くじ」は寺社の改修費用捻出のためのものである。それ以外で利益を求めるための「富くじ」は厳しく取り締まられた。そんな中、財政が火の車であった水戸藩が江戸藩邸内で非合法に「富くじ」を開催、近隣の町人に向けて売り出すという大胆な行動に出る。

もちろん、これはれっきとした違法行為で取り締まりの対象になるが、寺社奉行も徳川御三家のひとつである水戸藩には手出しできなかった。結局、水戸藩の非合法富くじは厳しく追及されることもなく、うやむやのまま終わったという。

27 【残酷な拷問、牢の中の厳しいしきたり…】江戸の刑罰は地獄の厳しさだった？

●拷問は想像以上の厳しさ

幕末期、新選組で、鬼の副長として恐れられた土方歳三。彼の冷徹なエピソードとして有名なのが、池田屋事件前に行った尊王攘夷派の志士、古高俊太郎《ふるたかしゅんたろう》への拷問だ。

その内容は古高を逆さ吊りにして、足の裏に五寸釘を打ち、そこへ蝋燭のロウを垂らすというもの……。新選組を扱った小説やテレビドラマでは必ずといっていいほど再現されている。

土方が果たして本当にこれほどまでに残虐な拷問を行ったのかどうか、確かな資料があるわけではないため、専門家の間でも意見は分かれている。しかし、江戸時代の拷問が現代から考えて、想像以上に残酷なものであったことは間違いない。

江戸時代は指紋鑑定もなければ、DNA鑑定もない。犯罪捜査でとにかく重要視されていたのが、犯人の自白である。その自白を引き出すために、容赦ない拷問が行われていたのだ。

容疑者の上に石を積む拷問法「石抱き」（『徳川幕府刑事図譜本編』）

拷問は法的に、殺人や火付けなど重罪事件の容疑者に限って認められていた。

では、容疑者はどのように拷問されるのか。紙面で再現してみよう。

容疑者が自白を拒んだ場合、最初に行われるのが「笞打《むちう》ち」である。

容疑者を上半身裸にし、両腕を背中にまわして縛る。そうすると両肩の肉が盛り上がるので、その場所にめがけて太さ三寸（約9センチ）、長さ一尺九寸（約57センチ）の竹を麻縄で包んだ棒を打ち下ろす。「笞打ち」のコツは、最初の20〜30回で白状させること。それ以上になると容疑者が気絶するからだ。白状せずに気絶したら水をかけて起こし、「笞打ち」を続ける。

「笞打ち」で自白が得られなかった場合、次は「石抱《いしだ》き」を行う。

石抱きは容疑者をギザギザに突起した板の上に正座させ、膝の上に石を積み上げていく。これだけでも相当な激痛だが、さらなる苦痛を味わわせるために牢役人が石を左右にゆすり、どんどん石を積み上げる。顔の位置まで石が積み上がると、容疑者の意識は朦朧となり、仮死状態になったという。

これでも自白がない場合に行われるのが、「海老責め」と「吊るし責め」。両方とも緊縛姿勢で放置するというもので、時間の経過に伴い血行障害が起こり、全身が紫色に変色。やがて蒼白になり、鼻や口から血が噴き出てくる。

以上が法的に認められた拷問であったが、これら以外にも江戸時代初期には水をかけ続ける「水責め」や蝋燭の炎で脇の下を焼く「炙り責め」、蓑で巻いた容疑者に火をつける「蓑踊り」などが行われた。

拷問には、絶命しないように医師が立ち会う。もちろん、絶命させても拷問を行った牢役人が罪に問われることはない。ただ、簡単に殺してしまう牢役人は評価されなかった。限界を把握し、容疑者の精神と肉体をギリギリの状態に持っていくことが、牢役人の技であった。

江戸時代、辛かったのは拷問だけではない。囚人を入れる牢屋の環境も劣悪だった。

牢にはトイレが設置されていたが、窓がないため、風通しが悪く、牢内は不衛生。粗末な食事が1日2回出たが、満足に栄養を摂ることができず、病気になる囚人が多かった。もちろん、

伝馬町牢屋敷の様子（『徳川幕府刑事図譜本編』）

牢内で満足な治療など受けられるはずもない。

牢内の人数が多くなりすぎると、「作造り」と呼ばれる人員整理のための殺人も行われる。「作造り」で一般的に行われたのが、大人数でターゲットを殴り殺す「背割り」という方法。他にも、濡れた布で鼻と口をふさぎ、窒息死させて「病死」として処理することもあった。

牢に入るときは、牢番人への賄賂のために金が必要であった。牢内に金品を持ち込むのは違法であるため、入牢者は飲みこんだり、肛門に隠したりしてお金をもっていった。その相場は現在の貨幣価値にすると、3〜5万円程度であったという。

●首斬り役人は大名並みの収入

罪が確定し、死刑となった場合、その方法は6種類あった。

斬首の様子（『徳川幕府刑事図譜本編』）

・下手人…斬首。希望すれば親族が遺体を持ち帰ることが可能。
・死罪…斬首。遺体を持ち帰ることは不可。
・火炙り…主に放火犯に適用。市中引き廻しの後に焼死刑。
・獄門…市中引き廻し後に斬首。首が晒される。
・磔《はりつけ》…市中引き廻しの後に磔柱に縛り、槍で突き上げて処刑。遺体は3日間晒される。
・鋸挽き…引き廻しの後に首から上を出して、2日間埋められ、晒された後に磔にされる。

三代将軍・家光の頃までの「鋸挽き」では罪人を埋めた場所に鋸を置いておき、通行人にも自由に首を挽かせていた。「下手人」「死罪」の斬首は伝馬町の牢屋敷で行われたが、「火炙り」「獄門」

切腹の様子（『徳川幕府刑事図譜本編』）。右に控えるのが介錯人。

「磔」「鋸挽き」は鈴ヶ森と小塚原にある刑場で行われた。

罪人の斬首は、代々、山田浅右衛門という専門職の一族が担当した。斬首は、罪人の左右の腕を押さえて首を伸ばしたところを、一太刀で斬り落とす。これには熟練の技量を要したため、専門職が必要であった。

斬首による報酬は現在の価格で5万円程度であったが、その他にも役得として遺体の所有権を得ることができた。代々の山田浅右衛門は、遺体から胆嚢《たんのう》を取り出し、秘薬として販売。高値であったにもかかわらず、飛ぶように売れたという。

●切腹のウソ

これまで残酷な処刑方法を紹介してきたが、武士の場合はたとえ死罪になったとしても、それらの刑罰を受けることはまずなかった。武士が死刑となった場合は「切腹」が基本であった。

江戸を通じて見てみると、切腹もまた時代とともに変化している。

江戸時代初期の「切腹」は自分で腹を切らせるだけだった。しかし、それだと簡単に絶命せず、苦しむ時間も長い。そこでしばらくすると介錯人がつくようになり、〝介錯〟によって即座に絶命できるようになった。これが現代でも知られているもっともポピュラーな方法だろう。

しかし、その後、さらに切腹は進化を遂げ、自ら腹を斬る必要すらなくなる。本来、刀があった場所には短刀に見立てた扇子が置かれるようになり、その扇子をとろうと前かがみになった時に介錯人が首を斬るようになった。それでは斬首と変わりないように思えるが、武士の体面を保つためには、「切腹」という形式が必要であったのだ。

こうした簡易式の切腹が台頭したため、時代が下ると武士の中には「切腹」の作法を知らない者が増えてきた。そのため、いざ切腹となった折、現場で取り乱す者も少なくなかったという。時代劇では、武士は死を前にして冷静に、そして華麗に「切腹」する姿が描かれるが、すべての武士がそうであったわけではないようだ。

28 食通を唸らせた9万円のお茶漬け

【江戸時代に芽生えた日本人の食への執念】

●食生活の変化

江戸時代は、日本人の食生活に大きな変化が生まれた時代であった。それまでの日本人の食事は、朝と晩の1日2食が主流だった。しかし、江戸時代になってそれが現代と同じ、朝、昼、晩の1日3食に変化する。

きっかけとなったのは、明暦3（1657）年の明暦の大火とされている。この大火で江戸市中は焼け野原になり、復旧工事のために多くの職人が駆り出された。その職人に昼飯を出したところ、それが広まったといわれている。

庶民が白米を食べるようになったのも、江戸時代になってのことだ。

それまで白米を口にできたのは、将軍をはじめとする一部の特権階級だけだった。しかし、元禄期以降、幕府が米の増産を後押ししたことにより米価が下落、江戸市中に「米搗き屋」と

北斎漫画に描かれた江戸の蕎麦

いう精米所が作られたこともあって、白米食は江戸庶民の間で急速に広まっていく。「将軍さまと同じものが食べたい」という思いも、白米普及の原動力となったようだ。

ただし、白米を主食にしていたのはあくまで江戸ぐらい。地方ではまだ玄米が主流であったため、「白米を食べる」ことが江戸を訪れる目的のひとつになっていたとか。

蕎麦が現代のように麺状になったのも、江戸時代からである。それまでの蕎麦は、蕎麦粉を米のように炊いたり、団子にして食べるのが主流であった。薄く伸ばし、麺状に切った蕎麦は江戸を代表する人気のファストフードとなり、幕末には市中に4000軒もの蕎麦屋があったという。

「初物《はつもの》」という食文化も、江戸時代から話題になり始めたものだ。

江戸では「初物を食べると75日長生きする」などとも言われ、手に入れるために大金を使うというケースも少なくなかった。

なかでも江戸の人々に人気があったのは初夏の到来を告げる初鰹。鰹は「勝男」に通じるということもあって武士の間でももともと人気の魚だったが、いつしかそれが庶民にも浸透。人より1日でも早く食べたいという江戸っ子の間で激しい争奪戦になり、1本数十両の値をつけることもあったという。鰹に限らず、なすや生しいたけ、なし、みかんといった野菜や果物の「初物」も人気で、初物が出回る時期になると、江戸の町は大いに賑わった。

そうなると売る方の農家もここが商機と様々な工夫をするようになる。

商才に長けた農家の中には、作物を少しでも早く出荷するために、いまでいうビニールハウスを作る者もいた。江戸時代版のビニールハウスは油紙を張った気密性の高い小屋を作り、その中で炭を燃やして促成栽培を行うというものであった。

初鰹を持つ女性（左）。初鰹は江戸の自慢だった（歌川豊国、歌川広重『江戸自慢三十六興』）

こうした農家の工夫もあり、初物ビジネスはますます加熱。それを見た幕府は、貞享3（1686）年に「初物禁止令」を発令する。

この禁止令は、初物を売買できる時期を定めたもので、期日前のフライング販売は禁止された。しかし、お上からのお達しがあっても庶民の勢いは止まらない。結局、この禁止令も思ったような効果は挙げられなかったという。

また、江戸時代には外食産業も発展した。一大商業地であった江戸には、若い働き手が集まってきた。その多くは農家の次男坊や三男坊といった跡を継げない独身男性で、外食の需要が高まった。その結果、町には前述のような蕎麦屋をはじめ、寿司屋や一膳飯屋、天ぷら屋、居酒屋などが次々と誕生、江戸末期には5軒に1軒が食べ物屋というような状態になった。

店の形態も様々で、気軽に立ち寄れる屋台もあれば、庶民には一生縁がないような高級料亭もあった。いまの日本とそう変わらない食文化ができあがっていたのだ。

●9万円のお茶漬けとレシピ本まで登場

当時の一般的な食事は、三食とも一汁一菜（または二菜）が基本。食事を自宅でとる場合は、白米に味噌汁、それに野菜か魚というのが一般的だった。ただし、江戸庶民はグルメに対して並々ならぬ情熱があったようで、驚くようなエピソードも残っている。

当時、江戸の庶民は朝食のために炊いた白米を、お茶漬けにして夕食に食べていた。そんな庶民的な食べ物であるお茶漬けを、「八百善」という料理屋が1両2分（現在の価格にすると約9万円）で売り出し、話題になる。この超高級お茶漬けは、米もお茶も最高級品を使用。さらに驚くのが、注文のたびに武蔵野の玉川まで〝水〟を汲みにいくのだ。そのため、水を運搬する飛脚代も加算され、注文してから配膳されるまで半日もかかったという。

江戸の人々のグルメな傾向は年々高まり、江戸後期には「百珍もの」と呼ばれるレシピ本がベストセラーになった。特に売れたのが、天明2（1782）年に発売された『豆腐百珍』。100種類の豆腐料理を解説した本である。豆腐は都市部だけでなく、行商が寒村へも売り歩いたことで普及していた、当時の国民食であった。身近な食材を使ったことがうけて、「豆腐百珍続編」、「豆腐百珍余禄」などの続編も刊行され、社会現象となった。

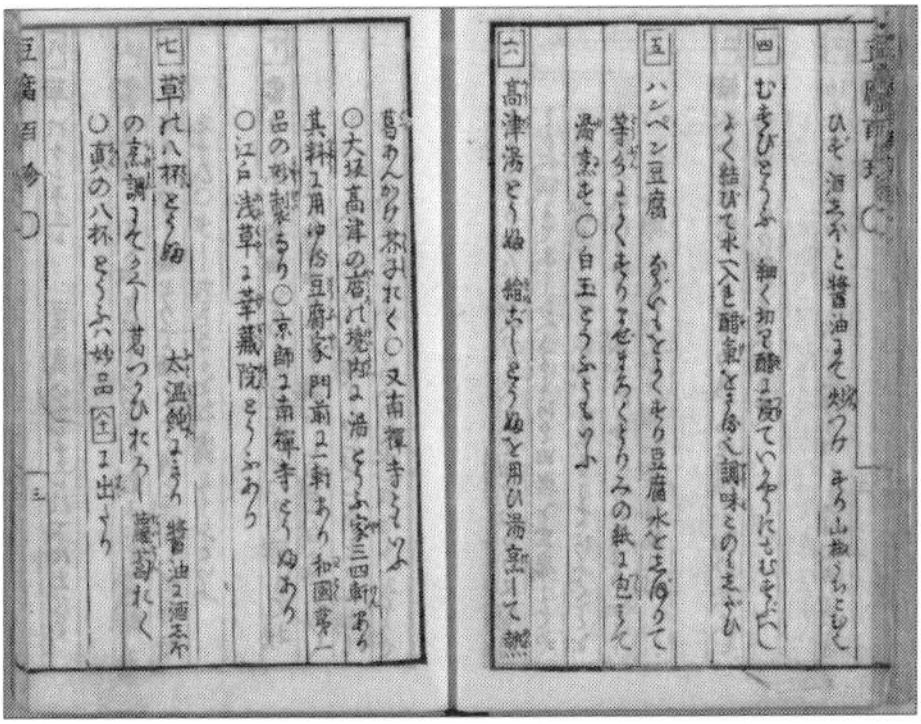
『豆腐百珍』。材料の分量や完成図は一切掲載されていない。

しかし、当時のレシピ本には現在のものとは決定的に異なる点があった。料理に使用する材料の分量が、一切記載されていなかったのだ。レシピ本はあくまで参考になる程度で、料理を再現するには、調理する側の創意工夫が必要であった。

中国の清王朝の最高権力者であった西太后は、「満漢全席《まんかんぜんせき》」などの贅沢な食生活であり、たの国でも現在まで豪華な宮廷料理が伝わっていることから、他の国家の君主は豪勢な食事をしていたと想像できる。

●将軍の食事

では、江戸幕府最大の権力者であった将軍様は、どんな料理を食べていたのだろうか。

将軍の朝食は午前8時。食事の前には御膳奉行による毒見が行われる。メニューは汁物、刺身や酢の物、魚の塩焼きなど。昼食や夕食ではかまぼこ、玉子焼き、鴨の炙り肉、焼き魚などを食べた。朝食は「小座敷」だが、昼食、夕食は「大奥」で摂ることが多かった。ちなみに魚はとくに鱚《きす》が多かった。これは鱚が魚偏に「喜」と書くため、縁起が良いとされたからである。

このように将軍の食事は決して豪華なものではなかった。むしろ好きなものを食べることができないという意味で、庶民よりも不自由な食生活であった。

その上、将軍にとって日々の食事は気が抜けないものだった。食事を残せば「どこかお体の具合が悪いのでは……」と騒動になり、お代わりをすれば「御膳係の盛り方が悪かったのでは？」と問題になってしまう。これは、各地の大名も同じような状況であったという。

グルメという観点から見れば、将軍よりも、外食を食べに行ったり、レシピ本を買って様々な料理を楽しめた庶民の方が幸せだったのかもしれない。

第五章
最高権力者の知られざる一面

29 【優秀な人材が将軍に就けるシステムがあった】
徳川家に名君が多かった理由とは？

●評価の高い徳川将軍家

徳川将軍家15代で、何人の名前を言うことができるだろうか。

まず、初代の家康、犬公方で有名な五代将軍・綱吉、享保の改革を指導した中興の祖である八代将軍・吉宗。そして、最後の将軍・慶喜。このあたりは学校の授業で必ず習うので、すぐに名前が出てくるだろう。

初代将軍の家康は、もとは三河の小大名。戦乱の時代を生き抜き、天下統一を果たし、260年以上も続いた平和な時代の礎を築いた世界に誇れる偉人である。

五代将軍の綱吉は、「生類憐みの令」で評判を下げてしまったが、それ以外は天和の治とよばれる善政を敷いたことで評価されている。綱吉の安定した政権運営で花開いたのが、元禄文化である。

八代将軍の吉宗は、目安箱の設置や養生所の運営などユニークな施策を行い、傾きかけた幕府を立て直した。アイディアマンとしては日本の政治史の中でもトップクラスの人物だろう。

江戸幕府最後の将軍となった慶喜は、新政府軍との徹底抗戦を避け、多くの幕臣を裏切った格好になったため、新撰組や会津藩のファンから評判が悪い。しかし、慶喜がもし徹底抗戦を主張し、戊辰戦争がもっと大きな内戦となってれば、日本は西欧列強の植民地になっていた可能性もある。大政奉還、そしてその後はひたすら恭順という方針は、日本を救ったといえるだろう。

鎌倉時代や室町時代の後に起きた大規模な内戦は、その最後の統治者の実力不足だったと見ることができる。江戸時代の最後の将軍が適切な判断をしたことは、日本にとってこの上ない幸運だったのかもしれない。

江戸幕府を開いた徳川家康

●あの将軍たちの意外な評判

一般的にあまり名前は知られていないが、評判の良かった将軍は他にもいる。

在任期間は3年と短いが、六代将軍・家宣も評

学問好きだった六代将軍・家宣

価が高い将軍である。

　家宣は将軍になるとその日のうちに「生類憐みの令」を廃止。前将軍の綱吉は「生類憐みは必ず残すように」と遺言していたが、それを無視した英断だった。また、家宣は新井白石など多くの学者を積極的に登用し実務に当たらせた。家宣の早過ぎる死は多くの家臣、庶民を悲しませたという。

　後に最後の将軍となる慶喜との政争に勝ち、将軍となった十四代将軍・家茂《いえもち》も評判がいい。

　彼が将軍職に就任したのは13歳の時。もちろん、13歳の少年では何もすることはできず、政治は大老の井伊直弼などが中心になって進められたが、彼の人間性に対する評価は高い。家茂をもっとも評価していたのは、勝海舟である。勝は大変な皮肉屋で人物の評価も厳しいが、家茂のことは「御若年といえども真に英主の御風あり」と珍しく絶賛しており、家茂が亡くなった時は「これで徳川家は終わった」と涙を流して悲しんだという。不本意ながら、政治政策で家茂と結婚した妻の和宮《かずのみや》も、徐々に彼に魅かれるようになり、夫婦仲は非常に良かったとか。

逆に、圧倒的に評価が低いのが、十三代将軍の家定。

家定は幼いころから病弱で人前に出るのが苦手な、そもそも将軍には不向きな性格であった。しかも、将軍職に就いたのが日本に外国勢力が押し寄せ、開国か否かを迫られていた大変むずかしい時期。その重要な局面にほとんどなにもできなかったため、越前藩主の松平慶永などは「凡庸中のもっとも下等」と酷評している。

「凡庸中のもっとも下等」と評された十三代将軍・家定

ただ、そんな家定だが、実は学問に大きな関心を示していたことはあまり知られていない。家定は14歳で『大学』『中庸』『論語』『孟子』といった中国古典をマスター。34歳の時には、官学の総本山である湯島大聖堂の大成殿にもみずから参拝している。

家定を酷評した松平慶永は、慶喜を将軍職にプッシュしていた一橋派の人物。「凡庸だった」というのも、慶喜や仲の良かった薩摩藩主の島津斉彬に比べればという意味合いで、他の諸侯には家定よりもずっと劣った人物がいたはずだ。歴史

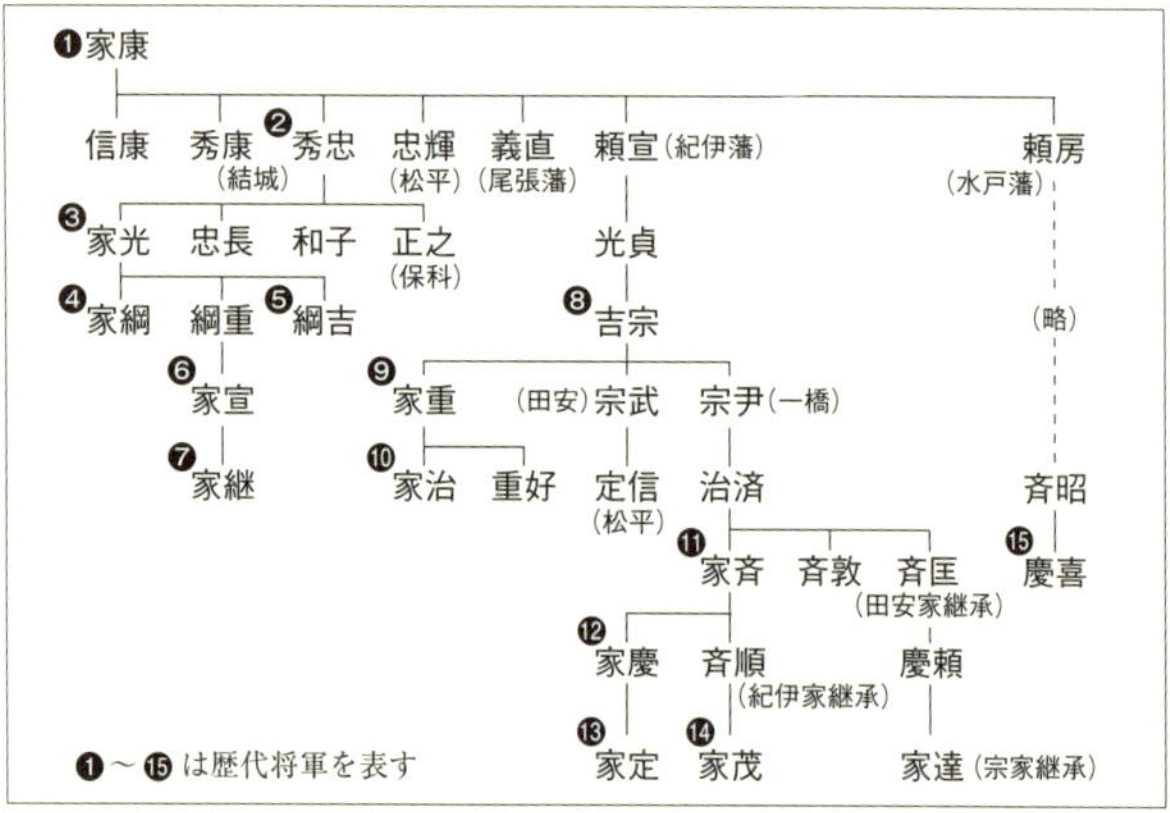

徳川将軍家の家系図（略）

の分岐点を担うには力が足りなかったかもしれないが、必要以上に家定の評価が貶められている可能性はあるといえるだろう。

鎌倉幕府は、源氏の将軍が三代、その後に実権を握った北条家の執権が十六代続いた。室町幕府は足利家から15人の将軍を輩出した。しかし、この鎌倉、室町時代の権力者で、善政や人間性において評価が高い者は決して多くはない。他の時代と比べてみれば、江戸時代の将軍は、粒ぞろいの人材が揃っていたといえるだろう。

●優れた後継者輩出システム

徳川家康がいかに優秀な人物であろうと、その子、その孫、その子孫が優秀である保証がないのは、日本史だけでなく世界史を見てもわかることである。江戸時代には名君が多かった理由のひとつには、徳川将軍家が純粋な直系でなかったということがあるかもしれない。

徳川家康から四代目の家綱までは直系。しかし、家綱で一度血筋が途絶えたことで全国の徳川家からもっとも評価の高かった館林藩主で家綱の弟・綱吉が選ばれる。その綱吉にも跡取りがなかったため、また全国の徳川家を見渡し、甲府藩主の家宣が六代目の将軍に就任。しかし、家宣は在位3年でこの世を去り、跡を継いだ子の七代目・家継も幼くして亡くなってしまう。

そこで、みたび全国の徳川家を見渡し、選ばれたのが御三家・紀州藩の藩主であった吉宗である。十代将軍・家治までは吉宗からの直系だが、十一代・家斉は御三卿のひとつである一橋家から将軍となっている。そこから十三代将軍・家定までは直系だが、家定に子がなかったことから、十四代将軍は紀州藩から家茂が迎えられ、十五代将軍には水戸徳川家から一橋家に養子にいった慶喜が選ばれた。

直系の子供が何人かいれば、その人物が優秀であろうとなかろうと、問答無用に長男が将軍職に就任することになる。長男が暗愚で次男が英明であったとしても、次男は将軍職に就任しづらい。そんな中、徳川将軍家は子が定期的に途絶え、全国の徳川家から優秀な人材が将軍職に就任するシステムがあった。この定期的な〝血の入れ替え〟が名君が多い徳川将軍家を作ったといえるだろう。家康はそれを可能にするために御三家を作り、吉宗は御三卿を作っている。

江戸時代の一番評価できる政策は、この合理的な後継者輩出制度かもしれない。

30 女嫌いの将軍とオットセイ将軍

【一風変わった性癖を持つ将軍たち】

●ゲイ説が流れる三代将軍

江戸幕府の歴代将軍の中では、変わった性癖が話題になる将軍もいる。

就任当時、「余は生まれながらの将軍」と力強く家臣たちに宣言した三代将軍・家光。彼には、根強くゲイ説がウワサされている。

家光は12歳の頃、大奥に男を連れ込み、顰蹙《ひんしゅく》を買ったことがある。歌舞伎化粧をして、市中を歩いたり、好んで美少年の小姓を身の回りに置いてもいた。さすがに問題があると感じた家臣が化粧中の家光を捕まえて厳しく注意すると、不機嫌そうに部屋を出て行ったという。後に将軍に就任して最初に行った仕事が、この家臣を減封処分にすることだった。よほど根に持っていたのだろう。

やがて家光は、22歳になると正室を迎える。相手は関白・鷹司信房の娘である孝子。江戸城内で盛大な婚礼も行われた。この結婚には、家格の高い相手を迎えることで徳川家の地位をアップさせようとの思惑もあったが、家光にそんなことは関係ない。2人が夫婦らしかったのは婚礼の日だけで、以降、家光は孝子に近寄ることもなかった。結局、本丸と北の丸の間に作られた中の丸御殿で孝子は一生、別居生活を送ることになった。

家光が女性嫌いになった理由は、幼いころのトラウマにあるとの説がある。

その原因と言われているのが、家光の乳母であった春日局。彼女は単なる乳母に留まらず、家光の将軍就任を家康に働きかけるなど、強い影響力を持っていた。そんな強烈な春日局という存在が家光を女性恐怖症にさせたのではないかというのだ。家光を将軍にするために必死になったことが、結果的に家光を女嫌いにさせたようだ。

同性愛者だったとの説がある三代将軍・家光

●家光を開眼させた尼僧

しかし、そんな家光にも転機が訪れる。家光が37歳の時、伊勢神宮の中にある尼寺で新院主となった当時16歳の若い尼僧が江戸城に挨拶に訪れた。家光は短い謁見の中で、彼女の美貌に興味を示す。その家光の心情の変化を、幼い頃から世話していた春日局は見逃さなかった。そして尼僧に「還俗して家光の側室になってくれ」と頼み込んだのだ。

一度、仏門に入った者を側室にするなど、非常識な願いであった。しかし、こんなチャンスを見逃す春日局ではない。結局、必死の説得は成功し、尼僧は家光の側室となってお万の方と呼ばれるようになる。彼女の影響か、その後、家光は女嫌いを克服。ほかにも側室を持つようになり、結果、男子6人、女子1人をもうけた。

だが、家光のトラウマを癒やした功労者であるお万の方には、子供ができなかった。お万の方に子供ができなかった原因にはいくつかの説があるが、妙に説得力があるのが春日局関与説。その説によれば、お万の方は妊娠をしたことがあったが、家光が力を持つことを恐れた春日局によって流産させられたというのである。真相は闇の中だが、彼女が力を持つことを恐れた一方で、依然として春日局が大きな権力をふるっていたということは確かなようだ。

●好色将軍列伝

徳川の将軍たちを見渡してみると、家光のようなタイプはマレで、跡継ぎを作らなければならないとの必要に迫られた部分はあったにせよ、徳川家には好色な将軍が多かった。

そもそも初代将軍の家康からして、その好色ぶりは有名。家康には15人の妾がおり、公式な記録にあるだけで男子11人、女子5人の子どもがいた。

ちなみに家康が好んだのは、あまり身分が高くない女性だったという。最初の妻は自身の主家である今川家の養女だったため、彼女に頭が上がらなかったことが原因といわれている。

九代将軍の家重も、相当な好色だ。家重は13歳の時に侍女に手をつけ、正式に後継者に指名された後も、女性と見れば侍女や腰元であろうとヨダレを垂らして迫るレベル。17歳の時には、医者から「慎まないと健康を害する」とまで警告されたほどだった。

だが、そんな家重もこの将軍にはかなわない。日本史上もっとも好色であったとされるのが、俗に〝オットセイ将軍〟などと称される十一代将軍の家斉だ。家斉には正室、側室合わせて16人の女性がおり、非公式な記録だと40人以上の愛人がいたとされる。それらに生ませた子供の数は驚きの55人。凄まじい絶倫ぶりだ。

〝オットセイ将軍〟とも称された十一代・家斉

そんな家斉がもっとも愛した側室が、お美代である。２人の関係は家斉が40歳の時から始まり、彼が亡くなるまで30年近く続いた。２人は神田昌平橋内のお美代の養父の家の奥座敷で関係を持っていた。将軍が女性目当てで城外に出るのは、もちろん異例のこと。寵愛を受けたお美代は３人の子をもうけたが、みな女子であり後継者をつくることはできなかった。

家斉は、天明７（１７８７）年に15歳で将軍に就任して、亡くなる69歳まで最高権力者の地位に座り続けた。これは、江戸幕府の中で最長記録である。夜の生活だけが話題になる家斉だが、将軍職在任中に病気で政務を休んだのは３回だけ。規格外の健康体であった。

この丈夫な体は、乳母から健康について指導を受けたことが大きい。乳母は、朝起きたら、汗をかくまで庭園を散歩することを奨励。健康指導は事細かく生活全般に及んでおり、30代を過ぎたら、酒は飲んでも三献までといったことも指導された。その他、八代将軍の吉宗が愛用していたバターも、健康のために薬だと思って毎日食べるようにと推奨。家斉はこの教えを守り、忠実に実践していた。

日本史に残る超絶的な体力と精力は、日々の努力の積み重ねで培われたものだったのだ。

31 犬公方、五代将軍・綱吉の本当の評判

【綱吉は庶民を苦しめた暴君だったのか？】

●〝犬公方〟綱吉の実像

五代将軍・綱吉といえば「生類憐みの令」から「犬好きの迷惑な将軍」というイメージを持つ方が多いかもしれない。だが、実際の綱吉は善政を多く敷いた良君という側面もあった。綱吉が将軍職に就いていた期間は30年。その間、綱吉は自身が好む儒学の思想に基づいた政策を施行し、積極的に幕政を指導した有能な将軍だった。

まず言えるのが、徳川家の歴代将軍の中でも、彼ほど学問好きな将軍はいなかった。

綱吉は幼いころから学問をよくし、父の家光も「将来が楽しみ」と太鼓判を押していた。成長して将軍職に就任すると、自らが講師となって家臣たちに『大学』『四書』『易経』の講義を施した。将軍が家臣に講義するというのは、かなり異例の行動で、徳川幕府の長い歴史でも綱吉以外に例はない。新しいものに対する知識欲も強く、出島のオランダ商館から使節がきた際

には、西洋の進んだ医療や健康法を知ろうとその使節を質問攻めにしたという。知的好奇心は歴代の将軍のなかでも抜群に旺盛であったのだ。

綱吉の基本的な思想は儒教であった。そのため、不正には厳しく、在職中に46の大名家を処罰した。親藩や譜代、外様も関係なく、家康の曾孫にあたる高田藩25万石の藩主、松平光長も家中不取締りの責任で領地を没収されている。綱吉は潔癖な思想を持つ君主でもあったのだ。

●官僚政治の打破

綱吉はもっとも自分の好きなことができた将軍とも言われており、江戸時代の中興の祖といわれている八代将軍・吉宗も綱吉を非常に尊敬していた。

先代にあたる四代将軍・家綱は、政治に関心が薄く、自ら主導権を握ることはなかった。将軍は名誉職のようなものになり、大老、老中となった譜代大名の有力者が、政治の実権を握っていた。そんな中、体が弱かった家綱が重態になると、大老・酒井忠清は皇族から適当な人物を招き将軍職に就任させようとする。これは鎌倉幕府の例を参考にしたもので、酒井忠清は鎌倉幕府で実権を握った北条家のような存在を狙っていた。しかし、老中の堀田正俊がこれに猛反対。五代将軍として当時、館林藩の藩主であった綱吉を推薦した。そして政争の末に堀田側が勝利、綱吉が将軍職に就任することになる。

この将軍就任までの過程を見てわかるように、当時の幕府内では徳川家の存在は薄らいでいた。本来、幕府の最高権力者であったはずの将軍は政治の表舞台から遠ざけられ、政治で重要な取り決めが行われる際は、老中の合議で決定していた。失いかけた実権を、再び徳川家のもとに取り戻したいと考えた綱吉は、将軍と老中の取次役となる側用人を設置。老中の影響力を弱めるため、意図的に自分から遠ざけるようにした。現代の永田町に例えるならば、総理大臣が首相補佐官を多数設置し、霞ヶ関の官僚を遠ざけ、官邸機能を強化するようなものである。

綱吉を支えた側用人・柳沢吉保

綱吉時代に側用人となった代表的な人物が、牧野成貞と柳沢吉保である。2人とも綱吉が館林藩を治めていた頃からの側近で、キャラクターはまるで違ったが、綱吉への忠誠心は共通していた。

牧野成貞は出世欲、権力欲がない男であったが、綱吉に対する忠誠心が強いあまり、綱吉の望むままに妻も娘も大奥に差し出してしまう。牧野成貞はそのたびに出世したが、やがて酒びたりの生活となって、結局は側用人を引退している。

●赤穂浪士への英断と経済政策

もう一人の側用人の代表格、柳沢吉保は綱吉同様、今日ではあまり評価されておらず、むしろ、賄賂政治に手を染めたとして批判的に扱われることが多い人物だ。

側用人は、将軍の権力を強化する一方で、不正を生みやすいポジションでもある。彼らがどういう形で将軍に進言するかによって、物事が進むか、進まないかが決まってしまう。そんな重要な役職である側用人に多くの賄賂が届けられたというのはたしかなことだろう。

だが、江戸時代の賄賂は柳沢吉保から始まったわけではない。

本書でも何度か触れているが、賄賂は江戸時代、当たり前のものだった。四代将軍・家綱の時代に大きな権力を持った大老の酒井忠清は、「私に賄賂を贈るということは、すなわち将軍を尊ぶことだ」との言葉を残している。賄賂で幕政が円滑に行われるならば、結局は幕府にとってプラスになり、将軍のためにもなるという理屈だ。

江戸時代は戦国の世とは違い、自身の存在感を戦場で示すことは不可能。賄賂は出世のためのひとつの方法であり、柳沢吉保が賄賂をとっていたとしても特別なことではなかった。

また、柳沢吉保が評判を落としているもうひとつの理由に、赤穂浪士の切腹を綱吉に進言したというものがある。柳沢吉保は赤穂浪士を扱った小説や映画などでよく悪者扱いされている

貨幣改鋳によって鋳造された元禄小判（左）と元禄丁銀（右）

が、赤穂浪士は当時の法で考えれば間違いなく違反者。世間の同情論に流されず、幕府の体制維持のために厳しい処罰を進言したことは政治家として評価できる行動だったといっていいだろう。

牧野成貞と柳沢吉保という心強い家臣を得た綱吉は、数々の優れた政策を断行。明暦の大火で逼迫した幕府の財政も見事に立て直している。

経済政策を主導したのは、荻原重秀である。荻原は下級役人だったが、その能力に目をつけた柳沢吉保が綱吉に推挙し、抜擢させた。

荻原重秀は五畿内で、豊臣秀吉の太閤検地以後80年以上も途絶えていた検地を実施。土地の石高を正確に把握するとともに、円滑な年貢の徴収を妨げていた世襲代官の廃止を綱吉に進言した。また、幕府の重要な歳入源であった佐渡金山のテコ入れにも着手。坑内に溜まった地下水を排出するために溝を掘削し、生産力を回復させることにも成功している。

そんな重秀の経済政策でもっともよく知られるのが、「貨幣改鋳」であろう。

当時、幕府が苦しんでいたのは貨幣の不足だった。その頃の貨幣は、実物貨幣といって金や銀の価値に基づいて発行されるものだった。しかし、国内における金銀が枯渇し、貿易によって海外への流出が増えると、新たに貨幣を造りたくても造れない状態になる。その結果、市場で貨幣が不足し、いわゆるデフレ状態になってしまった。

そこで重秀は金や銀の価値ではなく、幕府の信用力に基づいて貨幣を発行するシステムを考案。金や銀の含有量を減らし、新たに貨幣を造り直す「貨幣改鋳」を行った。この政策により、貨幣不足は解消され、景気は回復し、幕府の財政状況も徐々に上向くようになった。

しかし、とき同じくして不幸なことに元禄地震や宝永地震、富士山の宝永大噴火などの大規模な自然災害が発生。幕府は財政難からなかなか脱することができず、赤字補填のために貨幣改鋳を繰り返し、インフレを招くことになってしまった。後に幕府の実権を握った新井白石が大批判した影響もあり、現在の荻原の評価は決して高くない。しかし、彼が財政再建に尽力し、一定の成果があったことは間違いない。

綱吉の政治は、在任中「天和の治」と称され、その治世の元禄時代には文化や学問が大きく成熟した。綱吉の政治が何を生み出したのか。今後の詳細な研究が待たれるところである。

32 将軍・吉宗に反抗した尾張藩主

【対立の背景にあった将軍の座を巡る遺恨】

●身内から受けた反抗

江戸時代中興の祖として、八代将軍・徳川吉宗は江戸時代の中でもとりわけ評価の高い人物である。一般的には、松平健が演じた時代劇「暴れん坊将軍」で有名だろう。

そんな吉宗の功績として有名なのが、目安箱の設置や小石川養生所の開設、そして江戸三大改革のひとつである「享保の改革」。その中身は規制強化と増税を柱とした緊縮財政であった。

吉宗の政策は当時、多くの賛同を得て進められたと思うかもしれないが、決してそうではなかった。吉宗が作った目安箱には、幕府が緊縮財政を進めることについて「恐れながら器量も狭く、日本衰退の原因である」といった不満の投書もあった。それだけでなく、大名の中には、吉宗の政策に真っ向から反対する者もいたのである。

その大名というのは、徳川御三家筆頭の尾張藩の藩主・徳川宗春。将軍にとっては、いわば身内中の身内である。

吉宗は質素倹約を庶民にも強制、遊郭や芝居を禁止し、祭礼も質素にするよう奨励していた。しかし、宗春は「人には好き嫌いがある。自分の好みだからといって押し付けるなど、上に立つものは絶対にやってはいけない」とそれを批判。尾張藩では祭礼を賑やかに行うように指導し、遊郭や芝居も勝手に解禁する。その結果、尾張藩の城下町には各地から役者や遊女が集まり、藩の経済も活性化することになった。

宗春は、取り立てた年貢を君主が消費すれば城下の経済が刺激され、その結果、庶民も潤うと考えていた。宗春と吉宗、どちらの政策が正しいかは経済学者の中でも意見が分かれるところであるが、自身の政策と反対のことばかりする宗春に吉宗は激怒。使者を送って宗春を問い詰めるが「私は華美なことをしているが、借金もしていなければ民も苦しめていない。民とともに楽しんでいるだけだ」と突っぱねられてしまう。

が、宗春のやり方が成功したのは最初だけであった。当初こそ尾張藩の経済は活性化したが、やがて財政は逼迫し、破綻寸前になってしまう。それをチャンスとみた吉宗は宗春に蟄居を言い渡す。徳川御三家の藩主が蟄居させられるなど前代未聞、非常に異例なことであった。

宗春の政策は最終的には失敗であったが、吉宗の改革もすべてが成功したとはいえない。実際、吉宗の経済政策はしばしば米相場に振り回され、吉宗は〝米将軍〟と揶揄された。

●尾張藩は吉宗に恨みがあった

経済的な価値観の違いから、激しくやりあった吉宗と宗春。実は宗春には、価値観以外にも感情的に吉宗を攻撃したくなる理由があった。

両者の遺恨が生じたのは、吉宗の将軍就任がきっかけである。

享保の改革で緊縮政策をとった八代将軍・吉宗

先代の七代将軍・家継はわずか8歳で他界。後継者は御三家の尾張の継友、紀州の吉宗、水戸の綱条《つなえだ》に絞られた。実はこの段階でもっとも可能性があったのは尾張の継友であった。家継の前の将軍・家宣は、尾張家が跡を継ぐことを希望していた。その遺志を尊重して、尾張家から将軍を出すはずであったのだ。

しかし、将軍職は最終的に老中や六代将軍・家宣の正室、天英院らのプッシュを受けた吉宗のもとに転がりこんできた。

吉宗は紀州徳川家の四男として生まれたが、兄

御庭番から出世し、幕末期に勘定奉行や外国奉行を歴任した村垣範正（写真左、中央は新見正興、右は小栗忠順）

たちが同じ年に2人亡くなるなど、不幸が続いたために藩主に就任したという経緯があった。そのため、尾張藩の後継者の死も「吉宗が手を回したのではないか？」などとウワサになった。

果たして吉宗がライバルの暗殺を指示していたのか。真相は闇の中だが、後に争うことになった宗春は尾張藩の将軍候補者であった継友の弟。家宣の遺志を尊重し、尾張家の継友が将軍になっていれば、その後、自分自身も将軍になれたかもしれない立場にあった。そんな宗春が暗殺疑惑もある吉宗を感情的に嫌悪し、また、その地位に嫉妬したとしてもおかしくはない。

その後、この一件が尾を引いたのか、名門の尾張藩は幕府の中で勢いを失う。結局、江戸幕府が終わるまで、尾張徳川家からは一度も将軍を出すことができなかった。

●御庭番は忍者だったのか？

吉宗と宗春の対立は、幕府の中にある特殊な役職を生んだ。

それは将軍直属の隠密部隊、御庭番である。

吉宗は、自身の政策と正反対のことを行っている尾張藩の動向を気にして、逐一情報を確認していた。その時に活用したのが御庭番であった。御庭番は普段、江戸城内に住んでおり、庭師の格好をして、直接、将軍から指示を受けていたとされる。紀州藩からやってきた吉宗は、幕府の中ではよそ者だった。そのため、情報収集能力に欠けていると考えて、御庭番を新設したのだ。御庭番には紀州藩から連れてきた、信頼できる家臣たちが着任したという。

時代劇に登場する御庭番は、忍者顔負けの暗殺集団のように描かれることがある。だが、それは実像とは大きくかけ離れたものである。

江戸幕府の役人紳士録ともいえる『武監』という書物には、しっかり御庭番の記録が残されている。御庭番は吉宗以降も存続し、幕末期に外国奉行などを務めた村垣範正などを輩出している。紳士録に名前が載っているようなものが、はたして闇の忍者部隊であっただろうか。

実際の御庭番の活動は、吉宗の命を受けて諸藩を視察する程度だったとされている。前述の通り、吉宗は紀州藩の藩主になる時も、将軍になる時も、暗殺疑惑が囁かれた人物であった。そのイメージから話に尾ひれがつき、御庭番は現在の時代劇で見られるような闇の隠密組織となってしまったのかもしれない。

33 大名行列の裏にあった涙ぐましい努力

【費用を抑えるため、借りられるものはなんでも借りた】

●ハイスピードな大名行列

江戸時代をイメージする場合、必ず思い浮かぶのが参勤交代の大名行列だろう。

家康が将軍になる前に前田利長と池田輝政が江戸を訪れ、その後、伊達政宗、福島正則、毛利輝元などの有力な外様大名がこぞって江戸へ向かったことが始まりとされている。しっかりとした制度として固まったのは三代将軍・家光の頃で、各大名の在府・在国期間を各1年と決め、1年毎に大名たちは参勤交代をするようになった。

大名行列といえば、ゆっくりと仰々しく、威風堂々と進むイメージがある。しかし、それは宿場町の中だけの話であった。宿場町を出ると、行列はできるかぎり全力で進む。日程が1日でも遅れれば、余計に費用がかかる。藩の財政を考えれば、行程は死守しなければならないものだった。ハイスピードの行列の中、駕籠に揺られるお殿様もさぞ苦痛であったことだろう。

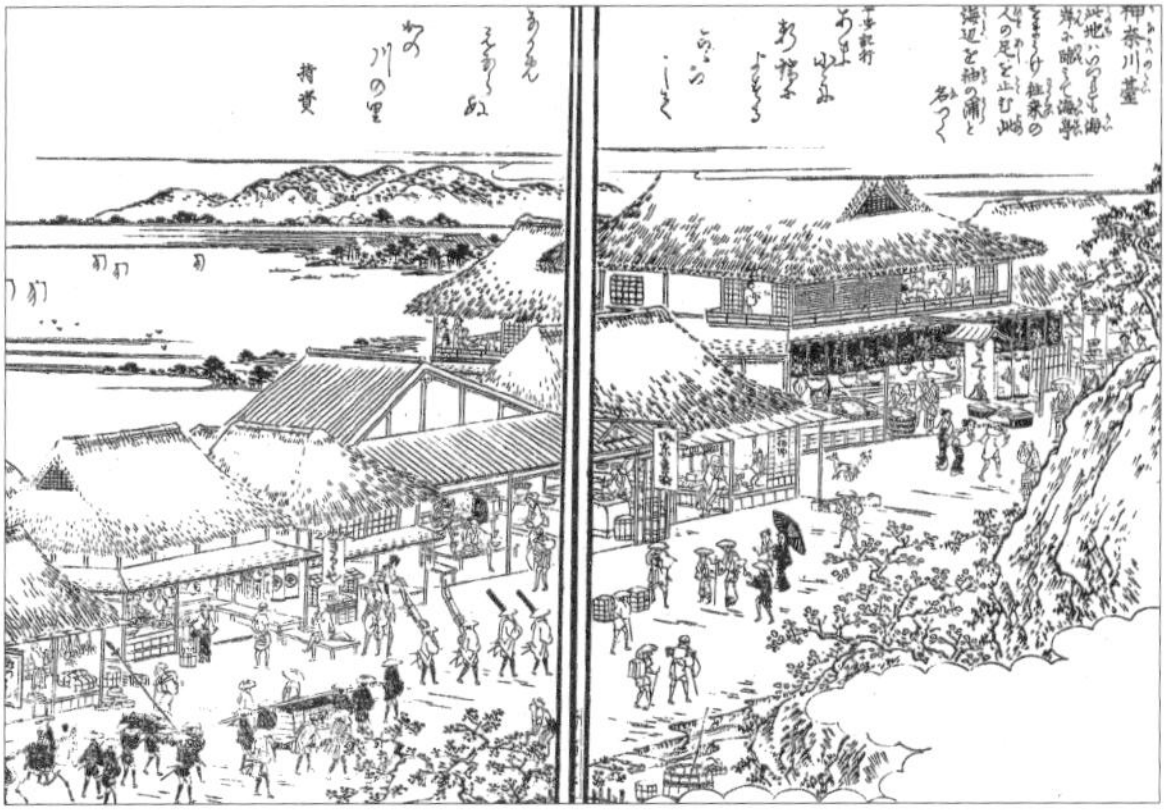

街道をいく大名行列（『江戸名所図会』）

　参勤交代関連で、藩はどのくらいの出費があったのか。鍋島家が治める佐賀藩を見てみたい。

　まず佐賀藩の場合、参勤交代では瀬戸内海から海路で大坂まで進み、そこから陸路で江戸まで行く。かかる金額は現在の価値にして1億7000万円。これは佐賀藩の年間の支出の20％であった。参勤交代の費用には、江戸屋敷の維持費もある。佐賀藩ではそれが藩の年間支出の28％、参勤交代で立ち寄る大坂蔵屋敷の維持費も年間支出の4％を占めていた。つまり佐賀藩では参勤交代関連の費用が年の支出の50％を上回っていたことになる。参勤交代がいかに藩の財政をひっ迫させていたかがわかるだろう。

　巨額の出費が伴う参勤交代では、お金にまつわる悲しい事件がいくつも起こった。

　出羽庄内藩の酒井家は、江戸から領地に帰る際、途中の福島で旅費が尽きてしまった。酒井家の行列は急停車、殿様一行は国許からお金が届くのを寂しく待つことになった。

東北の雄藩である仙台藩も例外ではない。仙台藩の場合は、江戸を出発してすぐの千住で旅費が枯渇。藩主の伊達重村は開き直り、仙台に帰るまですべて野宿すると宣言した。さらに道中の食糧は「野鳥を撃って食べよ」との指示を出す。このまま帰すと武士の沽券に関わると判断した幕府は、仕方なく仙台藩に旅費を貸したという。

参勤交代は各藩の財力を乏しくするために考えられた制度であり、その意味では大成功であったと言える。実際、幕末になるまで、徳川将軍家に逆らって軍を動かす藩は皆無であった。

●宿場町でレンタル

とにかく負担の大きかった参勤交代。各藩は出費を抑えるため、涙ぐましい努力をしていた。たとえば、行列で使用する道具をすべて国許から持っていけば、とてつもない費用がかかる。そこで各藩は行列に必要なものでも、借りられそうなものは各宿場町でレンタルしていた。

レンタルしたのは風呂桶や便器、食器、漬物樽、夜具、碁や将棋などの娯楽品など。諸藩の中には物品だけでなく、大名行列を構成する中間小者をレンタルで調達するところもあった。中間小者とは行列にあって主に荷物を運ぶ役目の者。国許から連れてくると江戸での滞在費が余計にかかってしまうので人件費削減のために途中で調達していたのだ。ただ、このレンタル中間小者はお殿様への忠誠心は皆無なので、チンタラと歩き格好が悪かった。もっとしっかりと歩くよう注意するとすぐに金を請求される。結局は、少々のことは目をつぶるしかなかった。

このように何かと騒々しい大名行列、受け入れる側の宿場町から見た場合、いったいどんなお客さんだったのだろうか。大名の宿泊所となる本陣は慈善事業に近いものがあった。なぜなら、本陣は大名に宿泊代を請求できなかったからだ。慣例として大名側から3両から5両程度（20万円から30万円ほど）の祝儀をもらったが、それでも本陣は大赤字である。

だが、赤字でも本陣は行列を拒むことなく受け入れた。殿様に付き従っている他の多くの家臣は、本陣ではなく、その宿場町にある一般の旅籠に泊まる。本陣にお金は落ちなくても、町は大いに潤ったのだ。参勤交代は、いまでいう地域活性化にも一役かっていたのである。

●生麦事件　外国の反応は？

大名行列中に起きた事件として有名なのが、生麦事件であろう。

文久2（1862）年の8月、武蔵国生麦村（現・神奈川県横浜市鶴見区生麦）付近で、薩摩藩主の父、島津久光の行列に馬に乗ったイギリス人ら4名の外国人が遭遇。イギリス人らが行列に道を譲らなかったため、薩摩藩士・奈良原喜左衛門が斬りかかり、うち1人を殺害した。

生麦事件は薩摩藩側が突然、斬りかかったイメージがある。しかし、実際は薩摩藩側が何度もイギリス人らを説得していた。イギリス人らはそれでも事情がうまく飲み込めず、そのまま行列を逆行。久光の駕籠のすぐ傍まで進んだため、斬られてしまったのだ。

外国人からすれば、なにも行列を遮ったぐらいで命をとらなくとも、と考えそうなものだが、意外にもアメリカの貿易商であるユージン・ヴァン・リードのように、殺害されたイギリス人らを非難する者もいた。リードは生麦事件が起きる直前に島津久光の行列と出会っていた。リードはそこで馬から降り、道の端に寄って行列に道を譲り、脱帽して礼をしていた。そうやって、できる限りの敬意を示したのだ。

薩摩側が、彼の行動をどの程度理解したかはわからないが、礼を尽くしてくれていることはわかったようで問題はまったく起こらなかった。彼は殺害されたイギリス人らを、「他国の文化を理解しようとしない」と厳しく批判している。

リードだけでなく、当事者の母国であるイギリス人外交官の中にも、彼と同じ意見を持っていた者もいたようだ。しかし、当時の両国の関係を見てみると、日英修好通商条約でイギリスの「治外法権」が認められていたため、本来は日本側にイギリス人を裁く権利はなく、イギリス人は「斬り捨て御免」される筋合いはなかった。この一件で、横浜にいたイギリス人の多くは激怒、結局、生麦事件は薩英戦争へと発展することになる。

34 江戸時代の天皇家の暮らしとは？

【権威はあるけれど、収入は小大名並み】

●天皇家は最下級の大名レベル

神話の世界から続く天皇家だが、もちろん、江戸時代も京に君臨していた。征夷大将軍を任命するのは天皇であったため、江戸時代も将軍より天皇の方が地位は上であった。では、天皇家や公家がその地位に見合った優雅な生活を送っていたか、というとそうではない。

江戸時代の天皇家の生活方針は、徳川家康が公布した『禁中《きんちゅう》並《ならび》公家《くげ》諸法度《しょはっと》』に示してある。その第一条には、「天子が修めるべきものの第一は学問である」とある。ここでいう学問は、「和歌」などの文化系の学問。鎌倉時代や室町時代は、公家衆が政治に関与したために政局の混乱を招いたことがあった。それを知っていた家康が釘を刺したのであろう。京には京都所司代を置き、朝廷の行動をしっかり監視している。

また、家康は各地に散らばっていた朝廷の領地を整理。山科の1万石のみとした。その後、朝廷の領地は五代将軍・綱吉の時代に3万石に加増されたが、それでもその地位からすればわずかなものであった。江戸時代、1万石以上の領地を持つ者が大名と称されたが、朝廷は最下級の大名程度の領地しか持たせてもらえなかったということになる。ちなみに、将軍家の直轄地は400万石だった。比べるまでもなく、その差は歴然である。

朝廷の収入が低いため、朝廷に仕える下級の公家の生活は大変苦しかった。幕末に活躍した岩倉具視《いわくらともみ》は若い頃、花札を作って生活費を稼いでいたという。

●天皇を退位させた春日局

江戸幕府が誕生して間もない頃、朝廷の権威を汚すような事件が起きている。

三代将軍・家光の乳母であるお福が、後水尾天皇《ごみずのおてんのう》に嫁いでいた家光の妹・和子のご機嫌伺いのため京へ向かった時に、突然、天皇に拝謁すると言い出した。天皇は基本的に無位無官の者に会うことはない。お福は家光の乳母というだけで、もちろん官位などもっていない。徳川家の使用人でしかない存在なのだ。

しかし、いくら説明してもお福は一切引かない。結局、公家の三条西実条《さんじょうにしさねえだ》の妹ということにして無理やり拝謁させた。この拝謁で後水尾天皇はお福を従三位に任じ、「春日局」という称号を贈っている。拝謁はつつがなく終わったものの、この強引な手法に後水尾天皇は激怒。その1ヶ月後に退位している。朝廷の権威をバカにされたと感じたのだろう。

この時代、まだ幕府と朝廷のパワーバランスが不確定であった。この拝謁の直前には、後水尾天皇が幕府の許可なく大徳寺の沢庵らに高僧の証である紫色の衣を着る権利を与えたが、家光はそれを「禁中並公家諸法度違反である」として取り消させている。

ただ、この件はあくまで政治上、徳川家が自らの権力を示すためにとった行動であり、江戸幕府が朝廷を粗雑に扱い続けたわけではない。事実、幕府は京都御所の大規模な修繕や増築も行っているし、歴代将軍の中で11人の将軍が天皇家や公家から正室を迎えている。徳川家と朝廷は常に親戚関係にあったのである。実際の権力者は徳川家であろうと、やはり、〝朝廷ブランド〟は絶大であったということだったのだ。

春日局と謁見した後水尾天皇

●360億円で江戸の街を守った!?

江戸時代、長らく朝廷が政治に顔を出すことはなかったが、幕末期に入ると、朝廷の存在が大きくクローズアップされるようになる。

ペリー来航により、日本人の間で国家という意識が高まった結果、徳川家はあくまで武家社会のトップでしかなく、日本国のトップは天皇家ではないか、という尊皇思想が広まった。

倒幕の風潮が強まるなか、危機感を覚えた幕府が考え出したのが、「公武合体論」である。これは簡単に言うと、「朝廷と幕府は同じ」という考え方。幕府に忠義を尽くすことは、朝廷に忠義を尽くすことになるという理屈で、国内の不満分子を押さえこもうとしたのだ。

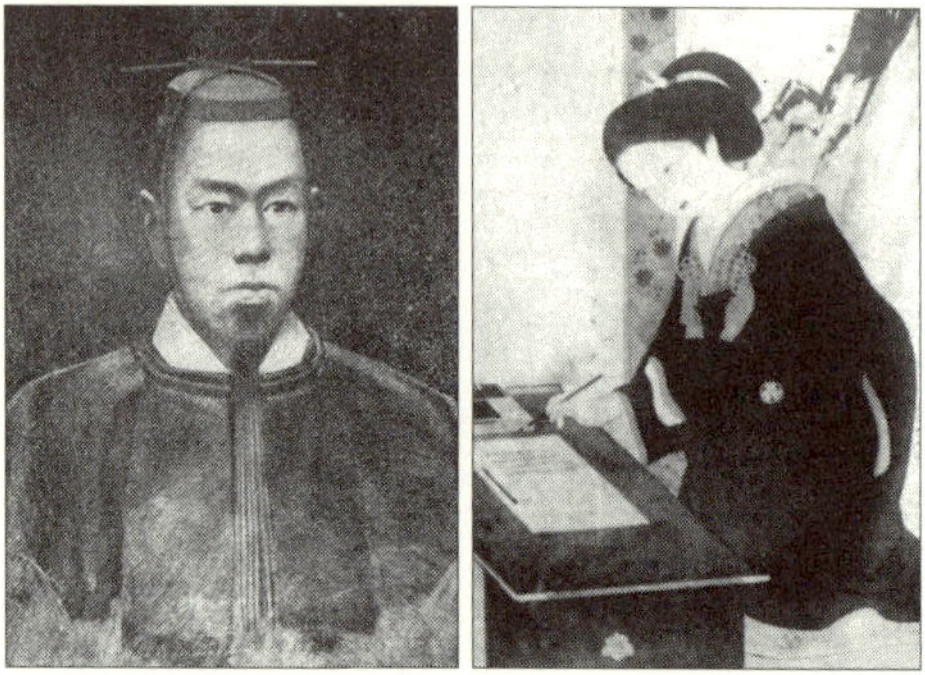

孝明天皇（左）とその妹である和宮（右）

この公武合体論を完成させるためには、どうしても十四代将軍と孝明天皇の妹にあたる皇女・和宮を結婚させる必要があった。さっそく幕府は朝廷にこの結婚の打診をするが、すでに有栖川宮熾仁親王という婚約者がいた和宮が猛反発。しかし、孝明天皇は「攘夷の実行と政治上、重要なことは朝廷に相談する」という条件で了承した。

「禁中並公家諸法度」が制定されて以来、江戸幕府は政治に朝廷を関与させないことを方針としていたが、ここでそれは崩れたことになる。後の大政奉還によって江戸幕府はその幕を閉じるが、幕府崩壊の第一歩はこの孝明天皇の条件をのんだことにはじまると言っていいだろう。

和宮の嫁入りは、空前絶後の大行列であった。京から江戸まで500キロ以上の道のりを女官や武士など2万6000人が従い、その長さは、行列の先頭が宿場町に到着しても、最後尾は前の宿場町をまだ出発できていないほどであったという。この大行列は、幕府と朝廷が一体であることを大衆にアピールするセレモニーの意味合いもあった。嫁入りの総費用も今の金額に換算すると360億円に達した。日本史上最大の嫁入りといっていいだろう。

こうして徳川家に嫁いできた和宮は、夫である家茂の死後、江戸城が新政府軍に無血開城されるまで江戸城に残った。無血開城は勝海舟と西郷隆盛の会談によって成立したとされているが、もし、この2人の会談が決裂したとしても、江戸城には和宮と島津家から徳川家に嫁いできた天璋院がいたため、薩摩藩を主力とする新政府軍が江戸を総攻撃できたかは、疑問である。新政府軍の中には、「慶喜の首を討つ」と意気込んでいた者もいたが、現実的に考えれば天皇家と姻戚関係がある徳川家の当主を殺すことなどできなかっただろう。

財政が豊かではなかった当時の幕府から見れば、和宮と家茂の婚姻時に360億円の出費は楽なものではなかったはずだ。しかし、後に将軍家を守り、さらには、江戸の街を救う一端を和宮が担ったと考えれば、むしろ安い出費だったのかもしれない。

おわりに

本書を執筆するにあたって江戸時代の様々な事象にあたるうちに、個人的に2つの点に注目するようになった。

まずは、江戸時代の政治家たちである。

彼らは戦国時代の豪傑のように屈強ではない。幕末の志士のような爽快感もない。どちらかといえば、上役の目を気にして行動したり、権力を握るために策謀を巡らせたりと、英雄とはかけ離れた地味な印象がある。

しかし、彼らがいたからこそ、太平の世である江戸が実現した。その実績は、戦国時代の豪傑や幕末の志士たちと比べても、決して見劣りするものではないはずだ。

江戸開府から大政奉還までの260年間、この国では大きな戦争もなく人々は平和を享受した。それだけの長期間、平和な時代が続いたというのは、世界史を見渡しても他に例を見ない。江戸時代の代表的な政治家として、徳川吉宗や田沼意次、松平定信などの名前が挙がるが、その手腕が評価されるべき人物は他にも数多く存在している。

現在の日本では、太平洋戦争から約70年は大きな戦争が起こっていないが、さらにこれから200年間、平和な時代が続くかどうかは誰もわからない。そう考えると、我々は世界史上、きわめて特殊な時代であった江戸時代の政治家からもっと学ぶべきことがあるのではないかと感じる。

次に魅力を感じたのは、江戸時代の庶民のたくましさであった。

江戸時代は現在に比べれば不自由なことも多かったが、庶民はそのなかでも楽しく生きようとするたくましさを持っていた。江戸時代は庶民の文化がもっとも成熟した時代でもある。どんな苦難があろうとも、人生を謳歌しなければいけないと、江戸庶民は現代に伝えているように思える。

〝武士道〟に代表される武士の生き方は、その精神が現代でももてはやされることがある。しかし、江戸時代の〝庶民道〟からも現代の我々が学ぶことは少なくないはずだ。

江戸という時代は、知れば知るほど魅力に溢れている。

本書がその魅力を再発見するきっかけになれば幸いである。

最後に本書を最後まで読んで頂いた読者のみなさま、そして出版に向けご尽力頂いた彩図社の権田氏に厚く御礼を申し上げたい。

【参考文献】

『新潮日本人名辞典』（新潮社）／『日本の歴史⑬　江戸開府』（中央公論社）
『日本の歴史⑭　鎖国』（中央公論社）／『日本の歴史⑮　大名と百姓』（中央公論社）
『日本の歴史⑯　元禄時代』（中央公論社）／『日本の歴史⑰　町人の実力』（中央公論社）
『日本の歴史⑱　幕藩制の苦悶』（中央公論社）／『日本の歴史⑲　開国と攘夷』（中央公論社）
江戸人文研究会編『イラスト・図説でよくわかる江戸の用語辞典』（廣済堂出版）
江戸人文研究会編『絵でみる江戸の町とくらし図鑑』（廣済堂出版）
神坂次郎『元禄御畳奉行の日記　尾張藩士の見た浮世』（中央公論社）
石井美樹子監修『大奥と後宮　愛と憎悪の世界』（実業之日本社）
磯田道史『武士の家計簿「加賀藩御算用者」の幕末維新』（新潮社）
徳川宗英『徳川某重大事件　殿様たちの修羅場』（ＰＨＰ研究所）／横山宏章『長崎唐人屋敷の謎』（集英社）
岩下哲典『江戸将軍が見た地球』（メディアファクトリー）
勝海舟　江藤淳・松浦玲編『氷川清話』（講談社）
大久保洋子『江戸の食空間　屋台から日本料理へ』（講談社）／中嶋繁雄『大名の日本地図』（文藝春秋）
雲村俊慥『大奥の美女は踊る　徳川十五代のお家事情』（ＰＨＰ研究所）
河合敦『江戸のお裁き―驚きの法律と裁判』（角川学芸出版）
八幡和郎・臼井喜法『江戸三〇〇年「普通の武士」はこう生きた　誰も知らないホントの姿』（ＫＫベストセラーズ）
鈴木由紀子『開国前夜　田沼時代の輝き』（新潮社）／山本博文『徳川将軍家の結婚』（文藝春秋）

永山久夫『江戸めしのス丶メ』（メディアファクトリー）
堀口茉純『ＴＯＫＵＧＡＷＡ15 徳川将軍15人の歴史がＤＥＥＰにわかる本』（草思社）
『歩きたくなる大名と庶民の街道物語』（新人物往来社）／遠山美都男他『人事の日本史』（毎日新聞社）
石川英輔『江戸空間１００万都市の原景』（評論社）
井沢元彦『宮本武蔵 最強伝説の真実』（日本放送出版協会）
宮元健次『芸術家 宮本武蔵』（人文書院）／根本裕子『江戸へ行こう』（リトル・ガリヴァー社）
青木宏一郎『江戸庶民の楽しみ』（中央公論新社）／鈴木一義監修『見て楽しむ江戸のテクノロジー』（数研出版）
石川英輔『大江戸テクノロジー事情』（講談社）／大石学『江戸時代への接近』（東京堂出版）
田村竹男『飯塚伊賀七―民間科学者からくり伊賀伝』（筑波書林）
本田豊『絵が語る知らなかった江戸のくらし〈庶民の巻〉』（遊子館）／丹野顯『江戸で暮らす。』（新人物往来社）
『江戸時代人名控１０００』（小学館）／中嶋繁雄『名君・暗君江戸のお殿様』（平凡社）
『時代劇・時代小説が１００倍おもしろくなる　なるほど！　大江戸事典』（集英社）
日本風俗史学会編『史料が語る江戸期の社会実相一〇〇話』（つくばね舎）
中瀬勝太郎『江戸時代の賄賂秘史』（築地書館）／平井聖監修『図説江戸１ 江戸城と将軍の暮らし』（学習研究社）
竹内誠監修『図説江戸４ 江戸庶民の衣食住』（学習研究社）
杉浦日向子『杉浦日向子の江戸塾 特別編』（ＰＨＰ研究所）
磯田道史『江戸の備忘録』（朝日新聞出版）／阿部昭『江戸のアウトロー 無宿と博徒』（講談社）
藤田覚『日本近世の歴史④　田沼時代』（吉川弘文館）／『図説江戸のくらし事典』（学習研究社）
『図説江戸の人物２５４』（学習研究社）／元禄忠臣蔵の会編『元禄忠臣蔵データファイル』（新人物往来社）

稲垣史生『江戸文化選書5　考証　江戸情緒』（評論社）／鈴木由紀子『大奥の奥』（新潮社）
中江克己『徳川将軍百話』（河出書房新社）／山本博文『江戸の雑記帖』（双葉社）
山本博文『大奥学事始め』（日本放送出版協会）／『徳川旗本八万騎人物系譜総覧』（新人物往来社）
『学校では教えてくれない日本史事件の謎』（学習研究社）／清水昇『江戸の隠密・御庭番』（河出書房新社）
稲垣史生『楽しく読める江戸考証読本一　将軍様と町人編』（新人物往来社）
稲垣史生『楽しく読める江戸考証読本三　大名と旗本編』（新人物往来社）
笠原一男・児玉幸多編『日本史こぼれ話　近世・近代』（山川出版社）
笠原一男・児玉幸多編『続日本史こぼれ話　近世・近代』（山川出版社）
野呂肖生『ｆｉｎａｌ日本史こぼれ話　近世・近代』（山川出版社）／中村武生『池田屋事件の研究』（講談社）
『図説「侍」入門』（学習研究社）／八幡和郎『本当は恐ろしい江戸時代』（ソフトバンククリエイティブ）
河合敦『図解江戸の暮らし事典』（学習研究社）
岩下哲典『予告されていたペリー来航と幕末情報戦争』（洋泉社）
木村直樹『〈通訳〉たちの幕末維新』（吉川弘文館）／飯尾精『実録忠臣蔵』（神戸新聞総合出版センター）
山本博文監修『あなたの知らない茨城県の歴史』（洋泉社）
長山靖生『天下の副将軍　水戸藩から見た江戸三百年』（新潮社）
『大江戸悪人列伝　八百八町のアンダーワールド』（徳間書店）
竹内誠『変動の時代を生きる元禄人間模様』（角川書店）
中田節子『江戸びとの情報活用術』（教育出版）／童門冬二『江戸のワイロ』（文藝春秋）
泉秀樹『忠臣蔵百科』（講談社）／『歴史群像シリーズ57　元禄赤穂事件』（学習研究社）

『水戸の光圀』（茨城新聞社）／『新版 水戸光圀』（水戸史学会）
八幡和郎『江戸雄藩 殿様たちの履歴書』（日本文芸社）／『日本史を変えた大事件前夜』（新人物往来社）
煎本増夫『島原・天草の乱』（新人物往来社）／『改訂新版日本史の謎』（世界文化社）
藤田覚『大江戸世相夜話』（中央公論新社）／大石慎三郎『将軍と側用人の政治』（講談社）
安藤優一郎『江戸の養生所』（ＰＨＰ研究所）／『大江戸歴史百科』（河出書房新社）
『大江戸侍入門』（洋泉社）／大岡敏昭『幕末下級武士の絵日記』（相模書房）
〈歴史人 江戸の暮らし大図鑑〉（２０１３年８月号、ＫＫベストセラーズ）
〈歴史読本 大江戸ものしり事典〉（昭和50年９月号、新人物往来社）
〈歴史読本　徳川将軍家の謎〉（昭和60年６月号、新人物往来社）
〈歴史読本　大江戸おもしろまじめ役人大全〉（昭和63年６月号、新人物往来社）
〈歴史読本スペシャル 28 大江戸おもしろ役人全集〉（新人物往来社）

■ 著者紹介

水戸計（みと・けい）

1980年生まれ。茨城県出身。元夕刊紙社会部記者。

現在は著名人へのインタビューを中心に歴史、社会事件、芸能、旅、グルメなど幅広く取材する。夕刊紙記者時代は政治・社会事件だけでなく、サブカルチャー分野のマニアックな企画記事を多数執筆。歴史分野への興味は、幼稚園時代に祖父と一緒にテレビドラマ「水戸黄門」を一緒に見てから。著書に『戦国武将の処世術』（彩図社刊）がある。

教科書には載っていない

江戸の大誤解

平成28年12月5日 第1刷
平成29年4月11日 第3刷

著　者　水戸計

発行人　山田有司

発行所　株式会社　彩図社
東京都豊島区南大塚 3-24-4
MTビル　〒170-0005
TEL:03-5985-8213　FAX:03-5985-8224
http://www.saiz.co.jp
https://twitter.com/saiz_sha

印刷所　新灯印刷株式会社

　ISBN978-4-8013-0194-8 C0121

本書は、平成21年1月に小社より刊行された単行本を加筆修正の上、文庫化したものです。